岩波現代文庫／学術 382

思想家 河合隼雄

中沢新一
河合俊雄
［編］

JN159364

岩波書店

目　次

〔序〕

河合隼雄は思想家である

中沢新一×河合俊雄

河合　この本にわれわれは『思想家 河合隼雄』というタイトルをつけたわけですが、まず、そもそも果たして河合隼雄を思想家として位置づけることができるのかという所から入っていきたいと思います。人によっては、「河合隼雄が思想家とはバカ言うな」と言うかもしれない。

中沢　河合俊雄さんの考える思想家とはどういうものですか。

河合　僕がというより、父は「自分は哲学なんか全然知らない」とよく言っていました。

中沢　それは僕もよく聞かされましたが、本当のことなのですか。

河合　哲学はピンと来なかったみたいで、本当に読んでいなかった。

中沢　哲学と思想は同じものではないですから。厳密なことを言うと、哲学は日本人にはもともとないものですし、一般に東洋には今日「哲学」と言われているようなものはもともとなかった。

哲学者と思想家

中沢　哲学が生まれたのは紀元前五〇〇年頃のギリシャと考えていいと思います。「こういうものが哲学だ」という一種の決まりの中でものを考えて表現するという一つの型がその頃にできたわけです。他の世界にはそんなものは存在していなかった。それがアラビアの世界を経由してヨーロッパに定着し、ヨーロッパの学問のもとになった。哲学とはヨーロッパの表現の型であって、イデアを表現するものです。同じギリシャでもイデアを否定する唯物論の人たちのやっていることは、正確に言うと哲学ではなしに「非哲学」という思索です。

だから哲学というのは真理を表現するゲームのルールみたいなものであって、世の中で起こっていることやこの世界の本質を問題にするものと言うより、ある決まりの中でイデアを表現するものです。それを河合隼雄先生はあまりお好きではなかったと思うのです。

河合　そうです。好きではないというより、感覚的に合わないとか、理解できないとか思っていたようですけど。

中沢　日本人が「思想家」という特殊な言い方を発明して、利用してきたのですけれども、それはヨーロッパで言う哲学とはちがうものです。ヨーロッパの人にとっては、ものを考えることが哲学とイコールになっています。しかしアジア人、ことに日本人にとっては、そうではない。哲学と思想とは分けておかなければいけません。日本人にとっての哲学とは、ヨーロッパとの接触で持ってきたもので、それに従って西田幾多郎たちがはじめた哲学のやり方はあるけれども、厳密には「西田哲学」なんて言えるのだろうかと思います。

もっと言えば、「東洋哲学なんてあるのだろうか」ということです。東洋には哲学つまり思考ゲームのルールで真理を考えるということはなかった。「東洋思想」はあるだろう。でも「東洋哲学」はないのではないか。井筒俊彦先生もまったくそういうお考えでした。河合隼雄先生にお話ししたら、「せや、東洋哲学はだめや、存在しないんや」とおっしゃっていました。その意味で、河合先生は、魂とかプシュケーとかイデアという問題に独特の取り組み方をされていたわけだから、哲学的思考にはなじまなかったかもしれないけれども、まぎれもない思想家と呼んでいいと僕は思います。

河合 なるほどね。そういう見方をすれば思想家と呼んでいいかもしれませんね。

中沢 たとえば梅原猛先生は哲学者と御自分でおっしゃっているけれども、僕には哲学者とは思えない。むしろ思想家なのではないか。

河合 逆に言うと、哲学者は必ずしも思想家ではない場合がある。

中沢 そのことが重要だと思います。日本にはその意味ではアカデミズムの中に「哲学者」は大勢いらっしゃいますが、「思想家」はほんのわずかです。つまり哲学のゲームのルールに則って思考したり表現したりすることに長けている人たちはいる。たとえばチャイコフスキー・コンクールやショパン・コンクールで、一等賞をとるような日本人は、技術的な側面でかなり高いところまでいきます。でもその後が伸びないケースが多い。音楽には、やはり魂の問題があるからです。哲学者も同じで、彼らには思想がないからではないかと感じます。だから思想家は本当に少数です。

河合先生の場合は、哲学の部分は意識的に避けておられた。それよりも前哲学《プレ》的で非哲学的な問題であるプシュケーの問題に集中したのではないのでしょうか。

河合　それでもやはり一応言語で表現しますよね。その時のスタイルは何か。

中沢　思想的な言語用法というのはたしかに存在しますからね。

河合　それは考えた方がいいかなと思います。どのような言語表現をとるのかということを。

禅の先生

中沢　高校生の頃、柳田聖山先生の『禅思想』(1)を読んで、これは思想だろうかとつくづく思いました。一休さんのとんちみたいなことをやっていて、弟子の質問に対して先生が笑っちゃうような答えをしている。この絶妙な言語用法が禅思想なんですね。

河合先生にお会いしてお話ししていると、禅の先生だなと思うことがしばしばでした。普通の先生方は命題で答えてくるところを、命題では答えない。

河合　確かにそうですよね。

中沢　禅の公案もまぎれもない言語表現です。ただ、いわゆる論理的な命題みたいなことは絶対言わない。

河合　カウンセリングのやり取りはそれと似ているところがありますね。

中沢　そのこと自体が僕は思想だと思っています。

哲学者たちは、「AはBである」という命題を立てようとする。しかも矛盾がないようにそれを言語表現しようとします。河合先生には、それは心のリアリティとは合致していないという確信があったのだと思います。魂、心が活動している、その動きをそのまま言語で表現するとどうなるか。それは「AはBである」という命題では答えられないのです。何か答えるとすると、質問があって、それに的確な返答をしたとき、初めて答えになる。しかし、その答えは必ずしも矛盾のないすっきりとした答えではない。

その意味で、河合先生は太鼓の皮みたいな方でした。誰かが太鼓を叩けば音を出す。その音は心を愉快にはしますが、矛盾に満ちている。心は矛盾のない形式におさまるようにはできていない、というのが河合先生の思想だから、その「心についての思想」を表現するとしたら、矛盾のない命題表現では表現し得ない。だから何か質問がきたときに、絶妙な答えを返す。それはパラドクスで構わない。それがまぎれもない思想だと思うのです。そういう意味では、河合先生の表現媒体は主として言葉だった。

河合　言葉というのをそのように捉えるとね。

中沢　僕は河合先生の容姿も思想だと感じていました。たたずまいですごく得をしていた方です。心の病気を持っている人が河合先生に立ち向かったとき、あの体のフォルムとそこから出てくるあの声やその声の語る軽いジョークを受けとめて、自分の心の本来あるべき状態、バランスの取れた状態がどういうものか、不思議なメッセージを受け取っていると思うのです。

河合先生はまず言葉をもって表現の媒体とした。それはいつもパラドクスをはらんでいて、禅の問答みたいなやり方を通していた。それからもうひとつは立居振舞、容姿、声の音質、こういうものが思想表現だったのではないか。

それについてはご一緒に子どもの頃から暮らしてきた河合俊雄さんがどうお考えになっているのか、むしろお聞きしたいくらいです。家の中でもあの独特の雰囲気を出されていたわけですか。

河合　そうですね。だけど近くにいる者には、本人の葛藤とかそういうのがもっと見えるので、違う印象もあります。なかなか暮らしにくいところもある人です。

中沢　難しいでしょうね。一緒に暮らす、ましてそれがお父さんとなると。

ない。

芸能としての思想

中沢　「思想家としての河合隼雄」をうち立てていくことはもちろん可能です。とくに中空構造について、あるいは日本文化論について、それを言うことはあんまり難しくない。

ただ、僕が体験した、生きた思想家としての河合隼雄はそれだけではすまなかったような気がします。河合隼雄の思想表現をいま再現してみろ、と言われても誰にも真似できない。河合さんがそこにいて、絶妙なタイミングを捉えて太鼓を打っている様子を再現することなんか絶対できないのです。存在自体も表現できない。

思想家としての河合隼雄は、「心とはパラドクスをかかえているもので、言語の論理表現の層とは違う」ということをはっきり認識して、「そちらの方へ心の問題を委ねてしまうととんでもないことが起こりますよ」と言い続けた方です。

そういうところを思想として取り出して、「思想家　河合隼雄」を僕らが表現することはできるとは思います。しかし、生きた思想家河合隼雄の面白さは、二度と表現できない。おそらく思想とはそういうものではないでしょうか。

河合　そういう意味で一回性というのを大切にしているところでは臨床の思想と言っていいと思うし、ある種パフォーマンスであるし、芸ですよね。

中沢　芸なんです。前に梅原猛さんと吉本隆明さんと僕とで鼎談をして、(2)「日本人は思想したでしょうか」という質問をお二方にした。吉本隆明は「日本人は思想しました」と語った。「ただヨーロッパ人みたいには表現しませんでした」と。ヨーロッパ人は最終的に哲学というシステムで知を表現する。

河合　そうですね。何せギリシャ時代からの伝統がありますからね。

中沢　日本人はそれをしなかった。どう表現したかというと、日本人の一番深い思想はお花とかお茶とか庭のつくりかたとか建築とか、もっというと踊りとか、早い話が芸能だと。それが吉本さんの考えでした。

河合　そうですね。そのあたりと、日本でユング心理学がお茶や庭の伝統につながる箱庭療法として入っていたことも関係ありますね。

中沢　芸能を通して思想を表現していた。そのこと自体が日本人の思想の特性を表現しているのではないかと吉本さんは言っていた。その通りだなと思います。河合隼雄さんの思想とは、限りなく芸に近いもので、かつてはそういう芸人的思想家は日本にたくさんいたけれども、現代には稀になってしまった。

河合　それは自覚していたと思います。というのは、彼独特の言い方なのだけれど、「二流の芸術家が臨床家になるのだ」と。いくら練習しても音楽家にはなれない音楽家、いくら描いても美術品としてはだめな絵しかできない画家。だけれども、客観的に現れてくるものではなく、その時の心の動き、その動いているものを捉え、表現する、そこを動かす。それが臨床家であって、そういう意味では芸である。でも形になったものはできない。逆に形にならない、動いているものを捉えている点では一流だという自負があったと思います。

中沢　そのこと、僕はいま美大にいるからよくわかります。僕が教えている芸術学科は理論系で、そうするとどうしても実技系の学生なんかが軽蔑するのですね。学園祭で、芸術学科の学生が屋台を出していると、油絵科の学生が打ち壊しに殴り込んでくる。おまえらなんか、他人が作ったものを批評しているだけじゃないかと。これは世の中でよくある価値観でしょう。いま言われたように、河合隼雄さんがなさったのは芸術批評であり、芸術家がそこで何をつくりだそうとしているかがありありとわかるのです。僕はこの二つは同じではないかと思っています。

別に上下関係があるわけではない。それでよく思うのは小林秀雄さんのことです。小林秀雄さんは文章の人、言葉で思考する人であり、そして文芸批評というジャンルを創造した。この文芸批評というのは、ある意味ですごいジャンルです。芸術創造が起こっているところで、まさにそこで生起しているイデアの働きを言語で捕まえる。こういうそれまでなかった芸術をフランスではポール・ヴァレリーが創造し、「批評」と名付けた。これは明らかに芸術です。小林さんはポール・ヴァレリーと同じことを日本語の世界でもやらなければいけないと思った。彼は二流の芸術家たちは相手にしません。一流だと思われる芸術家の創造の秘密の中へ入っていって、そこで起こっていることを意識化し、言語化して表現する。それは芸術家本人にはできない芸当です。そのかわり芸術家には無意識の技術がありますから、これを色彩やキャンバスやマッスの形に変換することが可能です。僕はこの二つは同じものではないかと思っていて、そういう意味では小林秀雄さんが文芸批評という形で創り出したものは、詩や音楽と同等です。

小林さんは若いときから中原中也のそばにいて、おそらく詩人としては自分は中原中也ほどの才能はないなと思ったのでしょう。では何ができるかというと、中原中也の詩をみて、中也の心の動きが彼には全部わかった。これは中原中也には見えません。無意識にやっているわけですから。小林秀雄は自分に見えたそれがいったい何なのか追求していったら、文芸批評という形になった。

河合先生はそういう「二流である」という事の意味を最も創造的に転換した人の一人であって、僕は小林秀雄の文芸批評と河合隼雄の心理療法は、同じようなところをめざしているなと感じるのです。

河合　確かにものすごく似ているのだけど、ただちょっと違うかなと思うのは、小林秀雄の場合、自分の批評が中原中也に影響を与えて芸術創造を起こすことはない。心理療法の場合はそこがあります。だからこそ批評で終わらないのです。

中沢　ある意味でシャーマンですからね。

河合　逆の動きというか、作品の再創造だけではなくて、もうひとつ別の何かを生み出す力、その動きが非常に心理療法にとって大事です。その能力は河合隼雄の場合、高かったかなと思いますね。

中沢　そうですね。晩年、小林秀雄さんは骨董へ移っていく。器と心はすごく似ています。

河合　そうですね。ユングも聖杯伝説に興味を持っていましたしね。

中沢　小林さんが影響を受けた骨董の先生に青山二郎がいて、ああいう人は、器を見てその中にあるイデアが正真正銘のものであるかを見抜く。それが骨董の凄さですね。僕は小林秀雄さんの究極の批評だと思うのは、茶器とか、要するに「もの」についての批評です。批評は、詩とか音楽とか小説に対してだけではなく、土と火でつくった「もの」、しかも心がかかわっている「もの」へ、最終的には向かっていく。でも河合隼雄さんは最初からそこにいたのではないか。

河合さんは、焼き物を焼く陶工と似ているなと思います。陶工は粘土を造形して、火の試練を加えて、変型していくという作業をする。河合さんの心理療法を見て、心という粘土に対してよく似たことをしていると感じてきました。日本人の思想表現の最高のものはじつは茶器です。利休・織部の頃の茶器は、日本人の思想表現として最高形態のひとつではないか。その意味で河合さんは思想家なんです。

河合　そう、ただ、すごく「なまもの」の思想、「生きた」思想です。動いていると いうか、そこで生み出されているところに立ち会うという感じで、思想として内容を固定できない。

中沢　体系化できないのです。禅がことにそうで、「禅の思想とは何か」というように体系化できない。「無」であるとか、鈴木大拙さんだと「禅は矛盾の共立である」、西田幾多郎さんだと「絶対矛盾的自己同一」という命題表現になるけれども、それはヨーロッパ的な哲学のセンスで言うと、じつは何も言っていない。単に心が動き、変化し、流動し、矛盾したものを抱え込みながら動いていって、ときどき均衡をつくり出したりする、その動きそのものを言っているだけのことです。ヨーロッパ哲学は固定することが非常に重要で、常に動いて変化していくものなど哲学の対象にはならないというのが、ソクラテス・プラトン以来の鉄則でしょう。その意味でヘラクレイトスは前哲学者《プレ》で、哲学者ではないです。古代の人は、動き変化していくものに真実があると考えて、前哲学をやっているわけですけれど、哲学はそれを否定したところに実現されるものです。

河合さんは、ものごとが固定することにすごく敏感で、話しているときにそういうものが出てくると、たちまち壊しにとりかかりました。

河合　壊す壊す。はずすのも得意ですけれども。

中沢　それはちょっと怖いところがあって、河合さんと話をするということは、剣の立ち合いに近いところを感じていました。ふつう大学の先生みたいな人たちだと、別に緊張しないでもいられるのに。それは彼らがどこか止まっているからです。

河合　スタティックなことが多いですよね。既に書いていること以上のことが出てこない。

中沢　それは剣術の世界ではだめでしょう。切っ先が止まったりしたらやられる。剣術も芸だから、常に動き変化していくようにして闘っていくわけで、その意味で河合隼雄さんは剣豪でした。僕が立ち合った剣豪では、吉本隆明と並ぶくらい、という印象です。

河合　ただ二人はだいぶ流派が違う。

中沢　流派は違いますが、どちらもすごい立ち合いでした。

剣術くらい日本人にとって思想なものはない。これはなかなか理解されません。どこが思想なんだ、となる。宮本武蔵は『五輪書』を書いたから彼の考えはある程度言語化されているのですが、たいがいの剣術家は何も書かなかった。僕は河合隼雄の『五輪書』というのがあったんだと思います。

みんな河合さんと話すと「面白かったです」と言って帰って行きますが、ずたずたに斬られているのに気づいていないのです。河合さんの方は斬っているのを意識していた。

河合さんとの対談は楽しい、軽いものだと思われていたでしょうけれど、そうではないのです。

河合　帰ってみたら首がなかったとか。

中沢　そうなんですよ。それに気づかずに死んだ人もいると思う。

河合　臨床の人でも、河合隼雄の面接でのそういう感じを伝えてくれているなあと思う人もいるけれど、なかなか難しいですね。それは『臨床家　河合隼雄』には出てきますけれども。

中沢　それは芸事全般にかかわることで、しかも立ち合いは勝負がかかっているものです。

河合先生は本当に臨床の思想です。だからこの『思想家　河合隼雄』と『臨床家　河合隼雄』の二冊は完全に双対《そうつい》になっている。臨床の思想という思想形態があって、これは哲学ではない、前哲学形態で、哲学史で言えばヘラクレイトス、東洋思想の流れです。ただこの本を『思想家　河合隼雄』としてたてるべきだと思ったのは、そういう思想も一個の思想形態として取り出していくことが大事だと。

河合　確かにそうですが、なかなか思想形態として捉えられないのは、臨床における「器」「構え」「無」と言ったとしても、それだけでは終わらないところがあるからだと思います。彼の場合とくにそうだけれど、「器」とか「芸」から「物語」などの具体的なものへ思想が直結している。中間の体系を基本的に必要としないという感じがします。著作の第一作『ユング心理学入門』(3)では概念を説明しようという親切心みたいなものがまだあるけれど、日本神話とか昔話に関する著作になってくると、基本的にそういうシステムや概念を必要としない。何か動いているものが直接物語になり、ものになるというところを上手くなぞるだけで語れてしまうという段階になっている感じがします。

それだけに、普通「思想」と言われているものは、その間をつなぐ体系や概念と思われることが多いから、思想としてはとても捉えどころがない。だからものすごく化けるのです。『とりかへばや』を書いているると『とりかへばや』になっているし、『源氏物語』を書いていると『源氏物語』になっているし、あるクライエントさんに会っているとそのクライエントさんになっているし、普通に誰かに会っていてもその人になっている。色々な人の追悼の文章を読んでいると、その追悼の文章を書いている人しか見えてこなくて、河合隼雄はなかなか見えてこないという感じはある。その辺がまた思想家として考えるときの難しいところです。

中沢　表現されていない間をつないでいく作業とは、凡庸な作業ですけれども、それは僕らがやってあげなければいけないことの一つだと思うのです。とりわけ河合俊雄さんは、この凡庸な作業を課せられている方なんじゃないですか。マイスターの息子の運命ですから、それに従わないと。

河合　だいたいそれで変な体系を作っちゃったりする。プラトンからプロティノスにいったように。

中沢　ユングに関してもそうですね。ユングは非常に矛盾している。

河合　とんでもないです。

中沢　あんな矛盾した人はいないでしょう。巨大な矛盾のかたまりみたいな人です。だけれどそれではみんな困るわけで、ユングが亡くなってくれてやれやれと思った人たちも多いと思う。やっと体系化できると。生きているときは、流動している矛盾体みたいなものですから。

河合　絶対矛盾的自己同一。

中沢　弟子の気持ちというのはいつもひどくアンビバレントで、先生早くいなくなってくれればいいなという気持ちもある。だいたいそんなものだと思うのです。でも、失いたくないという気持ちもある。ブッダの弟子にもそういうところがありました。

僕やとくに河合俊雄先生は、これから一生を賭して体系化の作業をしなければいけないはめに陥ったわけですけれど、それはマイスターを目の前にするという幸運を得た人間の宿命ではないかと感じます。僕も中空構造論[4]について書きましたが、凡庸な論理運びだなあと、自分でもいやになります。本当はもっと飛躍と跳躍でやっていったほうが河合さんのスタイルにはぴったり合うだろうけれど、それは残されたものがやるべきではない。亡くなった人を追慕してその墓碑銘を書いているようなものですから、飛躍してはいけない。凡庸を自分に課してやらなければいけないとあきらめてます。

中空構造論

河合　父としては、自分の動きを自分なりに自覚したい、表現したいという気持ちもあったと思う。その一つが中空構造論です。それは自分のありかたそのものです。臨床していても。

中沢　まったくそのとおりです。

河合　中空から直接生まれて来るという臨床の動きや姿勢をああいう形で、日本神話の構造分析を通して表現していたと思います。

中沢　河合先生の思想表現の頂点は中空構造論と考えて間違いないでしょう。それは日本文化論そのものでもあるし、同時に人間の心的構造の根源にもかかわる問題だと思います。中空構造論はものすごく射程の広い思想で、日本文化のほとんどすべてがかかわっています。近代西洋社会の中では表面に現れなくなった人間の心的構造の部分についても明らかにしようとしている。

日本文化は一風変わった文化で、これだけ近代化が進んでいるのに、原始的な部分の心的構造を色々なところにセットしてあります。天皇制から政治経済や文学に至るまで、あらゆるところにそれがあるという、ちょっと変わった造りをしています。その本質を河合さんは中空構造として取り出した。とくにそれを神話から取り出したというところがまたユニークです。

真ん中が中空になった構造のその真ん中にいるアメノミナカヌシという神様とそのまわりにいるムスヒの神というのが、日本神話の冒頭に出てくるのですが、さーっといなくなってしまう。河合さんはこの「いなくなること」に衝撃を受けた。そのさり気ない隠退ぶりをあそこまでの思想に展開していくのはすごいと思います。

神話学者なら、そこで王朝が交代していると考えます。そういう時のやり方が日本神話の場合おもしろくて、前の支配体系のしっぽを残すのです。アメノミナカヌシとムスヒの神は、神話の言い方をそのまま借りれば、神武から始まる大和朝廷系の政治権力が持っていた神話ではなく、騎馬民族とも呼ばれる、それ以前の朝鮮半島から来ていた勢力が持っていた神話で、だからちらっと出てきて消えてしまう。普通はそう考えるけれど、河合さんはちらっと出て消えてしまうことは、心的構造としてもっと重要だと思った。これは本当に精神医学だなと思うし、ユングも衝撃を受けたフロイトの才能ともかかわっていると思います。フロイトは、すっと消えてしまうものに対してとても鋭敏な感覚を持っていました。残って表面にずっと居座るものは、言ってみれば真理の簒奪者で、ウソをついている連中が表面に残って、舞台に出ばっているけれども、じつは本当に大事なものはちらっと最初出てきて舞台から引っ込んでしまう連中、彼らは無意識に入ってしまうのです。それが大事だという感覚がフロイトの流れを作っていると思うのですけれど、河合さんは日本神話の解読に関してこの鉄則を利用した。フロイト系列で大事な解読法を、これまで誰もやらなかった。

河合　確かにユング心理学による神話分析は、象徴分析が中心になってしまって、消えるものへの発想は弱いところがありますね。

中沢　普通は役柄交代が起こったと見てしまうところを、精神分析学で鍛えた人は読み方が違うのですね。

河合　それがこちらのリアリティとぴったり来る。そうとしか読めないのです。

中沢　ことによると、歴史学者が言っていることが正しいかもしれないけれど、それとは別の次元を示しているようです。

河合　まあそうかもしれませんね。

中沢　さっと出てあっけなく引っ込んでしまうもののなかに、とてつもない意味が組み込まれているというのが神話の機能で、そこが歴史とは違う。それが「歴史」と「構造」の違いで、神話は構造なんですね。構造になると歴史のリアリティはどうでもよくなる。

河合先生の解読は構造解読法として正しいと思います。そこで重要なのは、本当の中心を創り出したものが舞台から消えて、見えなくなる、そこに穴が残る。穴というのはなんだかよくわからない。それは消えたものの何かをとどめたものだし、穴があるということは、消えたはずのものがじつは消えていなくて、いまも生き続けているということの証しになっている。ということは、中空構造論自体が精神分析という学問の構造ではないかとも思うし、日本文化がそういう構造を中核に据えて作られている、無意識的な文化であるということさえそれで表現しようとしている。それが中空構造論というものの射程の大きさではないでしょうか。

河合隼雄さんの後、中空構造論についてきちんと展開されたものはないのでは。

河合　父自身では多少展開していますが、あとはないと思います。

中沢　松岡正剛さんが『中空構造日本の深層』の書評をした中で書いていますが、河合さんの中空構造論はすごく面白い考え方だけれども、そのあと誰も展開しなかったのが勿体ない。その通りです。あんなに汎用性のある、しかも強力な思考の武器を発展させない手はない。

河合　そうそう。

中沢　意外なことに、河合さんの中空構造はラカンのトポロジーと大体同じことを言っていて、ラカンの言うトポロジーも、実のところ中空構造論なんです。だから河合さんの中空構造論は、精神分析学の王道なのではないか、しかもそれが日本文化にストレートに適応できるところが、日本文化の野生なんじゃないかとも思うのです。

河合　そういう意味では、中空構造は実体化されていない見方だし、思想ですよね。通俗的な精神分析は、かなり実体化されて理解されている面が大きい。そういう意味でラカンの理解も精神分析の中では王道とはぜんぜん思われていない。

中沢　そうですよね、でもあれは王道だと、僕は思うのですが。

河合　王道だと思います。

中沢　フロイトの思想の極意は、ラカンの「《盗まれた手紙》についてのゼミナール」(5)にうまく表現されています。鍵を握るものはちらっと顔を出して引っ込む、この引っ込んだやつを追うというのが探偵小説の常道ですが、この探偵小説の常道を思想化すると中空構造論になって来るのではないでしょうか。

河合　考えてみると、完全に隠されているものと完全に表に出ているものが両立する、無意識とは決して深く掘って出てくるものではなく、そこにどんと置いてあるじゃないか、というその辺が河合隼雄の思想とも近い。大げさなことを言わなくても、目の前にある器、これが無意識だ、みたいな。

中沢　不思議なのは、利休の頃、あんな不格好な器をまるで神様のように扱っていた。でも考えてみると、それは芸術思想としては最高です。器が無意識の直接表現だったからでしょう。無意識の造形物がそこにあらわれていて、意識という余計なものが入りこまないようにしながら造形されている。そうやって創られた器に最高の価値を与えている。それを名物として扱うわけです。これはちょっとすごいことです。芸術とは、無意識を余計な力の介在物がないところで直接表現したものでしょう。日本人はその点とりわけセンスがいいな、ワイルドだなと思うのは、普通なら景徳鎮のようにきれいに整えられたものがいいとされる。現に中国人はそうだった。ところが日本人は、そんなものは芸術ではない、芸術はこの不格好で小汚い器のほうです、と考えた。

河合　そう思ったら利休も縄文人です。

中沢　縄文人ですね。精神分析もそれと同じではないか。できるだけ不格好な無意識の器がすごいんですよというのがフロイト・ユングの伝統で、河合隼雄さんはこの伝統にストレートに結びついている人だった。ところが日本のラカン派の人たちはともすると、無意識を景徳鎮みたいな器だと思い込んで、ああでもないこうでもないと言っているところを感じます。あれは無意識ではない。フロイト・ユング・ラカンが重視しているのは不格好でワイルドな器であって、彼らが問題にしている無意識は……。

河合　ロココ風クラインの壺。

中沢　言い得て妙です。河合さんは最後まで徹頭徹尾、野生で通したところがすごい。その表現が中空構造だったということです。

中空構造論におさまらない「鬼っ子」

河合　それでも父は、たとえば中沢さんと対談したとき、仏教の話でも最後に科学を持ってくる。中沢さんはそれを「どうしてそう科学が好きなんですか」と冷やかしているけれども、彼の中では、中空という器は美しいけれど、そこにおさまらないある種の鬼っ子がいる。それを「ヒルコ」とか「日本の中の男性神」とか「科学」とか「異質なもの」とか色々な表現をしている。中空構造はとても大切だけれども、どうもそれだけですっときれいにはこない。そこが、彼がずっと感じていた疎外感と重なっていて、ちょっとおもしろい。

中沢　確かにそれは僕も感じました。僕の方はどちらかというと、より芸術的執念が強いので、無意識を織部風の器みたいな作品に焼きたいと思っている。そういう器の前には、器にならないぐじゅぐじゅに失敗した粘土もあって、河合さんはその粘土の塊にも注目するのです。それがヒルコなんですね。「こういう器ができる前にはかならずヒルコが出てきますからな」という考え方を持っている。この粘土の世界はじつは大地につながっている。広大な世界につながっているという意味では、心理学者としてじつに深い方だと感じます。ヒルコみたいな何の役にも立たない、芸術にすらならないものがあるということまで自分の中に取り込もうとしていた。

やはり臨床でクライエントを相手にしていれば、そこで直面しているのはヒルコみたいな心理ばかりではないですか。作品には絶対ならない、芸術にもならない不定型の心の表現を目の前にし続けている方ならでは、と思います。

河合　中空構造や日本神話はすごくバランスが取れていて、その辺がすっきりしたものになってしまうと、彼には「そんなんじゃないんだ」というこそばゆいものがあったと思います。その中でヒルコの読み直しを発見したのは大きかったと思います。排除されるものとかうまくいかないものの一つのイメージを見つけたという感じがあった。

中沢　日本文化を中空構造と言ってしまうと色々な問題が発生してくるわけで、河合先生もいつも書いていましたが、中空構造だから起こってしまう政治の世界の問題があるし、日本の皇室が不安定な状態になっている原因も、じつはそこにある。日本人のよいところはたいがい中空構造から出ている。でも、だめなところもだいたい中空構造から出ている。中空構造自体が完全ではないということですね。ですから、「河合さんのモデルは、すきっとした中空構造論でしょう」と言われてしまうと、「いやいや」と思うのでしょう。だから中空構造にすらならないヒルコみたいなものを立てた。

河合　形にならないものとか鬼っ子に対する関心はすごく強かったと思います。そしてそこに自分をかなりアイデンティファイしていた。彼には二つの姿があって、一つはある種の無を体現しているような姿で、晩年ますますしゃべらなくなっていきます。心理療法をしている時がそうだったと思うし、自分でもそう言っています。もう一つは、ある種充満したもの、動かしていくパワー。自分が動くときの激しさ、パッションは全然違います。

中沢　河合先生はとてもパッショネイトな方でしたから。ことにワインを飲むとそれが表に出てきてとても面白かった。

思想家・河合隼雄

中沢　ヒルコの話は、日本神話の中でスサノヲがアマテラスオオミカミに向かってした悪行とつながりがあると思います。あれは天つ罪・国つ罪という罪にかかわってくるもので、吉本隆明も言っているように、国つ罪と呼ばれているものをよく見てみると、田んぼの畦を壊すとか、泥をぐちゃぐちゃにひっかきまわすとか、だいたい稲作にかかわっています。

河合　ほんとにそうですね。

中沢　その辺からも、中空構造がどこで生まれて日本の文化のひとつの萃点《すいてん》になったかというと、やはり稲作と日本の国家の形成とのつながりがあると思うのです。

河合　都市の成立ですね。

中沢　そうですね。さらに、中国と関係した「アジア的」な国家体制の作り方でしょう。

ところがこのアジア的な生活をしている連中に対して、けしからんと思う連中が列島にたくさんいたんですね。それが縄文の連中で、きちんと水路を作って田んぼなんか作りやがって、ぶっ壊してやりたいという人たちがいた。それを最大の罪にしていたわけです。この人たちのことは、躊躇なく吉本隆明さんの言うところの「アフリカ的」段階の人々と呼んでいいと思います。アジア的国家が形成される前の、いわゆる未開社会と呼ばれているものです。歴史に入らないといわれている文化形態だけれど、じつは人類発祥から十数万年は、そういう文化が全世界を覆っていた。それを担っていた人たちが日本列島では縄文と呼ばれていました。この人たちが中空構造的日本、弥生的日本に対して敵意を持っていたのです。実際に縄文の人たちは、後の歴史の中では鬼になったし、ヒルコもそうですし、水田耕作に対して罪を犯すのも、この人たちです。この人たちは、それこそ「アフリカ的」段階とも言えるし、この言い方はあまりにどきっとさせますから、「野生の思考」とおしゃれに言ってもいいですが、国家以前の人たちです。河合隼雄さんの中には、国家以前のもの、いま言われた鬼っ子とか鬼とかヒルコとか、そういったシステムに組み込まれなかったもの、排除されたもの、常に敵意を持っているものに対する共感が強烈にあるのです。

河合隼雄さんが文化庁長官になったときに、「国家権力の中枢に入るなんて」と悪口を言っていた人たちはわかっていないのです。あんなアフリカ的、非国家的なメンタリティを持っている人が、まさに国家の真ん中にすぽんと空いた穴を作ったわけでしょう。このことの意味がたいがいの人には見えていなかった。

河合　パラドクスですね。

中沢　中空構造を日本文化の特徴として取り出しているけれども、「こんなものはだめや」と半ば思っているところもある。中空構造の畦を壊してしまいたい、ひっかきまわしたいという欲望も同時に抱えていて、丹波篠山に残存するアフリカ的段階がそういうとてつもない衝動を持っていたのではないかと、先生とワインを飲んだときなどは感じました。

河合　おもしろいね。

中沢　どう思いますか。僕の妄想？

河合　あると思います。激しい人でしたよ。ものすごく激しい。普段はそれを見せなくて、にこにこして、でもわかる人にはこの人は怖いとわかる。日和見は許さない。負けるのは仕方ないけれど、一応闘おうじゃないかと。

中沢　ずるい奴らに対しては、本当に憤りを露骨に表わしていた。

河合　パッションをものすごく秘めているんだけど、めったに出さない。自分は鬼だと思っている人は、たいてい排除されていることへのルサンチマンが強いでしょう。そういうことがないから目立たない。

中沢　たしかにルサンチマンなどはどこにも見当らない。

河合　ルサンチマンなんか持っている人を彼は馬鹿にしていて、何をこだわってるんだと。

中沢　そこが不思議なところです。ただ、中空構造とか国家というシステムに対しては、それ自体、出発点でもなければ完成型でもない、心は違うレベルで動いていて、それを理想の表現形態とはしていないという思いはあったのではないか。

河合　そう思います。

中沢　だから、中空構造は人間の心のある本質・構造ではあるかもしれないけれども、それでもおさまらないものがある、というところを一生手放していない。これは思想以外の何ものでもない。それを思っても河合隼雄さんは強力な思想家だったと思います。その「反逆」「覆し」の心はとても強かった。だけど河合隼雄さんに言わせると、「わしはまわりをだますのがうまいんや」と、僕のことをからかうのを楽しんでいました。僕は東国に拠点を持っている頼朝みたいなもので、僕にとっては、河合さんは後白河法皇みたいな西国の大天狗でした。

河合　そうですね、それでも反逆のつまらないからくりみたいなものは全部見えてしまうから、そんなことは全然やりたくない。

中沢　固着したパターンに執着している人に向かっては、心の中では見えない形でちゃぶ台返しをしていたのではないかなと感じることがありました。韓国の人たちは表現が激しいので、韓流ドラマの中でもよくちゃぶ台返しをしますが、日本人は、というより河合隼雄さんは、その表現はとらなかった。けれども、心の中にはいつも覆しの衝動があった。まさに精神分析的人間ですね。無意識とは、いつも意識の覆しをしようとしているわけですから。

ですから河合隼雄は中空構造の思想家であったと言われると困るのです。覆しのヒルコの構造、無構造をも抱え込んでいた思想家として、本物の思想家なんだろうと思います。

河合さんは難解な思想家です。書いていることはとてもわかりやすいけれど、思想の構造としてみると、なかなかの難物です。

河合　最近、河合隼雄の本の編集のために彼の著作を読み直す機会が非常に多いのですが、正直なところ死んでから僕の読み方は変わりました。抑制がきいて、あまり色々言わない人ですから、以前は「ああ、またいいかげんなところでやめている」とよく思っていたのです。もう少し書けばいいのに、でもまたそのうちに書いてくれるだろうと思っていました。ところが今はもうこれ以上書いてくれないとわかっている。そう思って読むとこれまでの著作も全然違うのです。それが最近の驚きです。彼の言葉が全く違って読めてきます。

中沢　自分のことはあんまり言わなかったのですね。

河合　中沢さんとは違って、ちょっと言わなすぎた。でも言わなかったと思われている河合隼雄が、じつは語っていたとして読めるかどうかが、河合隼雄の思想の今後としての可能性だし、われわれにとっての課題だと思っています。

［文献］
（1）柳田聖山『禅思想――その原型をあらう』中公新書、一九七五。
（2）吉本隆明・梅原猛・中沢新一『日本人は思想したか』新潮社、一九九五。
（3）河合隼雄『ユング心理学入門』培風館、一九六七。（岩波現代文庫、二〇〇九。）
（4）河合隼雄『中空構造日本の深層』中央公論社、一九八二。（中公文庫、一九九九。）
（5）J・ラカン（宮本忠雄他訳）「《盗まれた手紙》についてのゼミナール」『エクリI』弘文堂、一九七二。

中沢新一（なかざわ しんいち）
一九五〇年生まれ。東京大学大学院人文科学研究科博士課程満期退学。明治大学野生の科学研究所所長。著書に『チベットのモーツァルト』（講談社学術文庫）、『カイエ・ソバージュ』シリーズ全五巻（講談社選書メチエ）、『精霊の王』（講談社）、『芸術人類学』（みすず書房）、『緑の資本論』（ちくま学芸文庫）など。

河合俊雄(かわい　としお)
一九五七年生まれ。京都大学大学院教育学研究科博士課程中退。Ph.D. 京都大学こころの未来研究センター教授。著書に『概念の心理療法』(日本評論社)、『ユング――魂の現実性』(講談社、岩波現代文庫)、『心理臨床の理論』(岩波書店)、『京都「癒しの道」案内』(共著、朝日新書)など。

［記録］

I would like to thank Dr. Robert Hinshaw of Daimon Verlag for the Permission of translation.

Toshio Kawai

Saint Francis of Assisi and the Japanese Buddhist Priest Myoe by Hayao Kawai

アッシジの聖フランチェスコと日本の明恵上人

第一六回国際分析心理学会議講演録
（二〇〇四年　バルセロナ）

河合隼雄

一九八三年、私は初めてエラノス会議に招待され、「明恵《みょうえ》の『夢記《ゆめのき》』における身体」を発表しました。明恵は一三世紀の日本の仏僧で、その生涯を通して夢の日記をつけ続けた人物です。私はこの『夢記』に示されている彼の個性化のプロセスに深く感銘を受けました。今もそのことに変わりはありません。一九八三年に講演した際には、エラノス会議のことはよく知っていたとは言え、五〇年余りの歴史と素晴らしい伝統をもつエラノス会議の出席者からどのような反応が返ってくるのかがやや気がかりでした。ところが、嬉しいことに私の話はよくわかってもらえ、出席者から寄せられた意見や感想にとても勇気づけられたのを覚えています。

それ以降、私はエラノス会議で講演する機会を何度か与えられました。私にとって、エラノス会議は本当の意味で意識と無意識とが、そしてまた東洋と西洋の思想とが出会う場であり続けました。世界中からこの会議に集まった人たちと対話することは、私にとって極めて貴重な体験でした。彼らは私に多くの新たな着想と、当時日本で一人きりのユング派分析家として生きる勇気を与えてくれました。それから長い歳月が経ち、今では日本のユング派分析家は三〇人近くにまでなりました。

今日この講演で、私は、明恵上人とアッシジの聖フランチェスコの人生の類似性について、考えていることをいくつかお話ししたいと思っています。私はこの類似性にとても強く心を打たれました。このような類似した特徴をもつ二人の人間が、遠く距離を隔てながら、同じ時期に生きていたことは驚くべきことだと思います。ここでまず、私が気づいた二人の類似点を挙げてみます。

1　二人とも、純粋で聖なるものを中心に据えた生涯を送り、世俗の権力や欲望に興味がなかった。

2　二人にとって夢は重要だった。明恵は夢の記録をつけていたし、聖フランチェスコは夢から啓示を得ていた。特に重要な夢には、彼が叙階を授かる際に見た夢がある。

3　二人ともその生涯を通じて、多くの奇蹟的で共時的な出来事を体験し、二人ともそれらの体験を他人に語ることを好まなかった。

4　二人とも、女性との緊密で良い関係をもち、宗教体験が深められていくうえでその女性たちから影響を受けていた。けれども、二人とも、それぞれの宗教の誓願と戒律によって定められた禁欲と独身を貫いた。

5　二人とも徹底した宗教生活を送った。彼らはその時代の他の宗教者たちとは異なり、世俗とのかかわりをもたなかった。けれども、二人とも「宗教改革」を先導しようとはしなかった。聖フランチェスコは神への信仰、そしてキリストその人との結びつきに専念し、明恵は仏陀その人への深い帰依に焦点を当てた。

6　二人にとって自然は重要だった。フランチェスコが鳥や動物、さらには、宇宙の天体にまで呼びかける話等が数多く残っている。彼は、木に集まってきた鳥たちに説教をしたとも言われている。自然界のあらゆる生き物は神の被造物であるととらえ、自然界の生きとし生けるものを自分のきょうだいとして受け入れた。明恵も自然界との近さを感じていた。その近さの感覚は、フランチェスコよりもさらに強かったと言えるかもしれない。明恵の背景にある仏教のコスモロジーを通して、彼はあらゆる存在を、その本質において被造物としてではなく仏陀自身と見ていた。

以上の類似性をふまえながら、この二人の聖人について詳しくお話ししたいと思います。そして、宗教の実践や背景がまったく異なっていたにもかかわらず、なぜこれほどまでに二人が類似しているのかを考えたいと思っています。

聖フランチェスコと明恵上人は同時代に生きていました。明恵の生年は一一七三年、没年は一二三二年、聖フランチェスコの生年は一一八二年、没年は一二二六年です。明恵の生涯はフランチェスコより長かったとは言え、彼らはまさに同じ時代を生きていました。まず指摘しなければならないのは、彼ら二人にとっての夢の重要性です。明恵の一生は、その始まりから終わりまで夢に導かれたものだったと言えますし、聖フランチェスコは、生涯を通じて極めて重要な時期において自らを導くものとして夢を活用していたと言えるでしょう。

明恵とフランチェスコは共に、質素で純粋な宗教生活を送り、世俗的な成功を拒絶しました。同時代の他の世俗的な聖職者と比べると、明恵とフランチェスコはそれぞれの宗教の意味や実践について極めて革新的な考えをもって生きていたと言えます。しかしながら、彼らは二人とも、それぞれの宗教の正統派メンバーであり続けました。彼らの時代に、ヨーロッパでは多くの異端運動が起こり、日本では多くの新しい宗派が確立されましたが、二人ともこれらの組織に加わったり、新しい運動を起こしたり、宗派を創設しようとはしませんでした。明恵にとっての最大の関心は、仏陀その人に向けられていましたし、聖フランチェスコの場合はキリストその人に向けられていました。このような彼らの宗教生活の最大の関心事に比べると、世俗の出来事や宗教界の政治的な事柄などは、取るに足らないものだったのです。

聖フランチェスコと明恵上人は、女性とのかかわりにおいてもよく似た態度を示していました。二人とも女性や女性性がいかに重要かに気づいていたのです。彼らは、女性たち、主に尼僧たちと深い友情を交わしていました。しかも彼らは、厳格に禁欲の誓いと戒律を守っていたのです。すでに述べたように、フランチェスコと明恵は、植物、動物といった自然界、そして宇宙全体とのつながりをもっていました。そのつながりの証左とも言うべきさまざまな逸話が残されています。彼らにはこのような超自然的な出来事がたくさん起こりました。そして、そのことがわかるようになるにしたがって、周囲の人々は彼らの神聖さを知るようになり、聖フランチェスコは「もう一人のキリスト」と呼ばれ、明恵は「権者《ごんじゃ》(仏・菩薩の化現)」として知られていましたが、彼らは共に、特別扱いされるのを好まず、あらゆる人と同じただの普通の人間であると主張しました。

死に直面した際の在り方に関しても、このように稀有な二人の人物には類似性があるように思えます。聖フランチェスコが生前、キリストの聖なる傷、聖痕を身体に授かったことはよく知られていますが、臨終の際、彼はキリストが磔《はりつけ》になったときの姿勢で裸のまま大地に横たわり、「ブラザー(弟子たち)」に取り囲まれて静かに息を引きとりました。一方、明恵は夢によって自らの死期を悟っていました。そして、読経する弟子たちに囲まれ、死にゆく身体に仏陀の入滅の際の姿勢をとらせながら、彼は安らかに息をひきとっていったのです。死の床において、明恵と聖フランチェスコは共に、自身の宗教生活の中心であり続けた仏陀その人、キリストその人に完全に同一化したと言えるでしょう。彼らは自分たちがずっと慕い倣ってきた〈かの人〉についになったのです。異なる国に生き、異なる宗教を実践していた二人の間のこのような類似性にはとても驚かされます。彼らについてさらに詳しく考えてみましょう。

精神と物質

明恵と聖フランチェスコは二人とも、精神生活に価値を置き、物質や現象の感覚的世界を拒絶していた、あるいは少なくともそれに対して懐疑的でありました。明恵の人生は悟りを得ようとする思いと仏陀その人に捧げられました。そして、聖フランチェスコはイエス・キリストへの信仰と共に生きました。彼らは共に、世俗にかかずらうことはありませんでしたし、世俗の価値観にはなんの興味ももたなかったのです。

二人は共に、祈りと瞑想に専心するため、日常一般の社会からは隔絶した生活を送りました。感覚的な快楽、特に贅沢で美味しい食べ物を聖フランチェスコも明恵も拒絶しました。聖フランチェスコが、食べられないほど不味いものにするため、食べ物に灰を混ぜた話はよく知られていますし、明恵の伝記にもよく似たエピソードがあります。明恵は美味しい食事を摂った後、感覚的な味覚体験を否定するため、しばしば地面の砂埃や泥のなかに手を突っ込み、手づかみで砂や土を食べたと言われています。

明恵もフランチェスコも、精神生活に高い価値をおいていたので、身体そのものや身体的な欲望に執着しませんでした。一三歳のとき、明恵は身体を捨てようと決意します。彼はある墓場に行き、死体を喰らうために墓に集まってくる狼や野犬に喰われることを念じて、一晩中そこに横たわっていました。彼は『仏本生譚(仏教説話集)』のなかの一つに倣って、このようなことをしたのです。この説話集には、お釈迦さんが、飢えた虎の空腹を満たすため、自分の身体を与えようと、高い木の上から身を投げたことが語られています。結局、明恵の願いは、狼が彼を食べなかったので、かないませんでしたが、このエピソードはまさに、明恵がどれほど身体から隔絶していたかを物語っていると言えるでしょう。そして、このような傾向はその後の人生においても見られます。

明恵は二三歳のとき、人里離れた山奥の庵に籠り禅定に励みます。彼の隠遁は、富や繁栄ばかりを追求する世俗的な僧侶たちへの嫌悪から来るものでした。そして翌年、彼は自分の右の耳を切ってしまいます。彼がそのような行為にいたったのは、自らの身体を否定しようという思いからでした。また、彼の修行が知られるところとなって、人々から崇められることを避けるためでもありました。聖フランチェスコもまた、感覚的な快楽について懺悔し、またそれを拒否した人としてよく知られています。彼の着ていたものは極端に粗末で、彼は自らの身体を「ブラザー・アス(馬鹿)」と呼んで痛めつけました。それは彼がキリストの受難にあずかりたいと熱望するあまりのことだったのです。明恵もフランチェスコも同じように、質素に、そして清貧のうちに人生を送りました。ところで、日本人のこころのなかには、精神と物質の間に明確な区別は存在していません。人生の早い段階での明恵の自らの身体の否定は、自死の道を選ぼうとしたり、耳を切ったりするほど、非常に強いものでした。聖フランチェスコは、宗教的信条のために、そのような激烈な自己破壊をすることは許されていないので、明恵ほど極端なことはしませんでした。けれども晩年においては、一貫して身体的な快適さや快楽を拒絶したという点では、明恵よりも禁欲的だったと言えるのかもしれません。というのも、明恵は、精神と切り離されていないありのままの自然な実在として、自らの身体を受け入れるようになったからです。

女性的なものの重要性

明恵とフランチェスコは、精神と物質とのかかわりという点では、よく似た生き方をしました。それぞれの宗教の違いによる微妙な差異はありましたが、それでも彼らの生き方は似ていました。このことはまた、彼らの女性的なものとのかかわりについても言えるでしょう。仏教においてもカトリックにおいても、僧侶に課される禁欲については厳格な戒律があります。性欲は、宗教上の伝統においてとりわけ難しい問題です。もし、ある宗教がその合理的な志向に重きを置いている場合、必ず性欲を否定し、その表出を低く評価することになるでしょう。そうなれば、そのような伝統は、女性や女性的なものを蔑視したり無視したりする傾向に陥ることになります。このような一面性は宗教における極めて大きな問題です。明恵が生きていた時代、ほとんどの日本の僧侶たちはこの問題に、直接的あるいは意識的に直面しようとはしませんでした。そのかわりに、彼らは密かに女性と関係をもったのです。明恵はこの問題に意識的に直面しました。彼は女性や女性的なものの価値を深く認めていましたが、同時に、性的な接触を禁じる仏教の戒律を守りました。彼は女性的なもの、あるいは、生身の女性と一体となりたいという強烈な願望をもっていましたが、仏教の戒律ゆえに、その願望を満たすことはできませんでした。彼は象徴的な方法でこの問題を解決しなければならなかったのです。

このような彼のジレンマは、『華厳宗祖師絵伝(華厳縁起)』に明確に示されています。これは、表向きは華厳宗の祖師たちの人生を絵巻にしたもので、その詞書《ことばがき》の原文は明恵によって作られたと言われています。この『絵伝』は、明恵の内的世界を示しているように思われますので、ここで紹介したいと思います。この『絵伝』は六巻から成っていて、二巻は元暁《げんぎょう》についてのもの、四巻は義湘《ぎしょう》についてのものです。元暁と義湘は朝鮮の華厳宗の開祖です。

「義湘絵」と題されている部分から始めましょう。仏教を学ぶため、義湘と元暁は共に唐に向かいますが、途中で嵐に遭い、そこにあった洞穴に避難します。ところが翌日になってみると、自分たちが避難した場所は単なる洞穴ではなく、骸骨が散乱している墓場であることがわかります。しかし、その日も嵐は収まらず、彼らはもう一日そこに留まらざるをえなくなりました。その晩の二人の夢には、恐ろしい鬼が出てきて、二人を襲おうとします。

目が覚めたとき、元暁はあることを悟ります。つまり、前日何も知らずに安心して寝ていた場所も、墓場と知ったとたん、鬼が襲ってくる場所になる。そのように、一切のことはすべて自分のこころの内から生じるのだから、こころの外に師を探し求めるのは無駄なことだということに彼は気づいたのです。彼は唐に渡る計画を取りやめることを決め、新羅(今日の朝鮮半島にあった一国)に留まることを決意します。しかし、義湘は計画を変えませんでした。二人はそこで別れることになり、義湘一人が旅を続けます。元暁の翻意を知ったとき、義湘はそれに同意するのでもなく、また反対するのでもなく、何事もなくそれぞれの異なる道を選ぶところが印象的です。

義湘は船で唐に着いて里に出ると、物乞いを始めました。善妙《ぜんみょう》という美しい娘が容姿端麗な僧義湘に出会い、一目惚れしてしまいプロポーズします。義湘は、それは受けられないと応え、仏教の戒律で禁じられていることを彼女に説明しました。その言葉を聞き、善妙はたちまち道心を発して、義湘の功徳を仰ぎ、義湘が衆生のために尽くすのを

「影の如くに添い奉りて」助けようと誓うのです。

その後、義湘は、華厳宗第二祖、中国の師智儼《ちごん》に学ぶために一人長安に赴きます。そして、華厳経の教えを修め、義湘は帰路に着きます。義湘の帰国を知った善妙は港に駆けつけますが、船はすでに出た後でした。善妙は見送ることが叶わなかったことを悲しみ、義湘を護ることを誓って海に飛び込みます。そして善妙は龍に姿を変え、義湘の船を背に乗せ、無事に新羅まで送り届けました。

義湘は、新羅へ戻った後、自らの教えを広める場所を探し求め、ある山中の寺に居を定めました。しかし、華厳経の大乗の教義を広めようとする彼の試みは、当時「小乗雑学」を修めた五〇〇名を超える僧たちがその寺で大きな影響力をもっていたため、阻止されてしまいます。そのとき、善妙は「方一里の大盤石」となって、寺の上を上がったり下がったりしたため、僧たちは恐がって逃げてしまいます。こうして、義湘は自らの華厳経の教えを広めることができたのです。その後、彼は「浮石大師」と呼ばれるようになりました。

「元暁絵」は、二人が別れて元暁が新羅に残るところまでは同じです。元暁は経典を研究することに専念し、その意味を徹底的に追求しました。「しかし、経典を勉強する合間には、彼は歌を唄ったり、琵琶を奏でたりする時間をとり、そのときあたかも彼は完全に経典のことを忘れているかのようだった」と伝えられています。厳格に戒律を守った義湘とは対照的に、元暁は自由奔放な生活を送りました。元暁は、「俗人のごとく酒場や売春宿に出入りするかと思えば、山中に分け入って瞑想を行うこともあった。そして、瞑想する彼の周りには、鳥、虎、そして狼たちが穏やかに身を寄せた」とも書かれています。

その頃、その国の王妃が重い病に倒れました。どの医師も彼女を治療することができず、祈禱師たちも役に立ちません。王は絶望し、救いを求めて唐に勅使を派遣しました。勅使の一行は、海上で不思議な老人に出会い、海底にある龍宮に案内されます。そこで彼らは龍王から一巻の経を授けられました。龍王は、大安聖者にその経の整理をさせ、元暁にその注釈を書かせれば、王妃の病は平癒するであろうと言います。勅使は経典をもって新羅に戻り、王に事の次第を報告しました。王は即座に、大安聖者を召して経典の整理を命じ、それがなされた後、今度は元暁に、その経典[金剛三昧論]に注釈を付し、講義するよう頼みました。そして、元暁が講義を終えると、王妃は病から回復したのです。このように「元暁絵」は結ばれています。

すでに述べたように、義湘と元暁の対照的な人となりは、明恵自身の人格がもつ対立する側面を際立たせた表現なのでしょう。「義湘絵」には、理論的とも言えるような長い説明文が付されていますが、そのなかで明恵は、善妙の龍への化身と義湘を追い求めることは単なる「執着の咎」からくる行為ではなく、むしろ真の意味での宗教的な献身だったのではないかという問いを投げかけています。東アジアの物語には、実際、常軌を逸した執着から、女が蛇や龍に姿を変え、男を追いまわすという話がよくあります。明恵は、善妙の場合が他のものといかに異なっているかを理解しようとしたのです。

彼は自らの問いに以下のように応えています。善妙の最初の行為はこの世的な「煩悩」に根ざしたものでしたが、彼女は単に龍へと姿を変えただけではなく、大盤石と化して仏法を護りました。つまり、彼女が最初に抱いた愛着を求めるこころは、菩提心へと高められたと言えるでしょう。また、大盤石は最も高密度な物質をまさに表象している点でも興味深く、注目に値するように思われます。物質《マター》(〈母 Mater〉)は、しばしば女性的な領域と関連づけられますが、この物語においては、仏法という形をとった精神の守護者となっています。つまり、この場合、ごく普通の宗教説話にみられるものとは違って、物質が、精神の作用を妨害するのではなく、むしろ精神を助け保護しているのです。

明恵は続けて、愛には、法愛と親愛の二種類があると述べています。前者は純粋なる慈悲であり、自己中心性から自由であるのに対して、後者は、対人関係に基づき、常軌を逸した情愛によって駆り立てられたものです。愛を二つのカテゴリーに分類すること自体には意味があるように思えますが、現実はそれほど明確に分けられるものではないでしょう。私は、法愛だけで構成されている領域が存在することや、親愛が単に

表1　元暁と義湘

義　湘	元　暁
唐に行く （教えを外国に求める）	新羅に戻る （教えを内に求める）
性を拒否する （善妙の愛を拒絶する）	性を受け入れる （娼家に出入りする）
女性（善妙）に助けられて 教えを広める	教えを広めることで女性 （王妃）を助ける

「染汚《ぜんま》」（不純）と分類されうるのかについて、それほど確信がもてません。このことについては、明恵もまたいくらかの疑念を表しています。このように、『絵伝』に登場する元暁と義湘という人物は極めて対照的です。それをまとめると表1のようになるでしょう。

彼らの態度の一番目の違いは、唐に渡るか否かという決断に反映されています。二番目に挙げられるのは、義湘がはっきりと性的なかかわりを拒否したのに対して、元暁はあらゆる戒律を破り、娼家に出入りしたりもする点です。明恵自身、戒律を守り、性的関係をもつことはありませんでしたが、それでも、明恵は元暁を高僧として認めていました。三番目の違いは、二番目に挙げた事柄と密接にかかわっていますが、二人の新羅の僧の生涯における女性とのかかわりにあります。すなわち、義湘は、華厳宗の教えを広めようとする際、善妙という、不思議な力で龍に化身し、後に、巨大な宙に浮く石に身を変える女性に助けられます。他方、元暁は、金剛三昧論に注釈を付すことで王妃の病を癒し、彼女を奇蹟的に救うことに成功したのです。

このように、元暁は二種類の女性と関係をもちました。すなわち、娼婦と王妃です。娼婦は、不特定多数の男性と数多くの性的な接触をもち、女性像の身体的な側面が強調されています。一方王妃は、すべての者の手の届く範囲にいるわけではなく、選ばれた者だけがかかわりをもてる女性像の精神的な側面を表しています。もしこれらが元暁のこころのなかで活動している二つの女性イメージだとすれば、彼の内なる女性は非常に解離しているということがわかるでしょう。

解離は、昔から日本人男性の生き方によく見られる心的現実であり、今日においてもなお、支配的な影響力をもち続けていると言えるでしょう。日本人の精神的な母として「王妃」は、物理的には到達不可能ですが、心的な滋養と平安の源として機能し、他方、「娼婦」は、日本人の肉体的な母として等しくすべての男性を抱擁しています。このように、「王妃」と「娼婦」は、日本人のこころにおける母性の軸の対極を占めているのです。

元暁とは対照的に、義湘と善妙の関係は明らかにアニマの軸において確立されています。王妃―娼婦という母親の軸はその本質において集団志向的ですが、アニマの軸は個人志向的であると言えるでしょう。善妙は義湘という個人に一目惚れしますが、そのような彼女の愛を宗教的な大志へと純化し高めたのは、彼女の人間的な情念に対する義湘の強烈な拒絶でした。善妙の海の底を泳ぐ龍への化身や、寺院の上を浮遊する石への化身が意味するのは、精神的な上昇であり、この物語全般にわたって焦点が当てられているのは、このような上昇のプロセスなのです。

他方で、龍の「石化」によって同時に生じるのは、永遠性の獲得と情念の喪失でしょう。義湘と善妙が達成した偉大な仕事は、情念を犠牲にすることではじめて可能となるものでした。つまり、善妙が再生され解放されるまで、義湘を保護するように浮遊し続けるのが、彼女の運命なのです。

そして、夢の世界の深いところで、石化していた善妙を蘇らせたのが明恵でした。明恵は外的には戒律を守りましたが、修行を重ねるにしたがって、徐々に夢のなかで女性と非常に近しい関係をもつようになります。四七歳のとき、彼は特に重要な夢を見ました。その夢のなかで、彼は中国人の女性の姿をした焼きものに出会います。土でつくられたこの女性はとても悲しんでいて、それは、彼女が中国にある自分の家から日本に送られてしまったからだと言うのです。彼女は目に涙をためており、明恵はこころを動かされ、彼女を慰めようとします。明恵の優しく気遣いのある声を聴きながら、その焼きものの女性は喜びで顔を赤らめ、生きた娘へと変身しました。そしてその夢のなかで、明恵とその女性は一緒に仏教の儀式に参列します。彼女は彼に同行できるのをとても喜びました。夢から覚めた後、明恵は解釈してこう述べています。「此《これ》善妙也」と。明恵

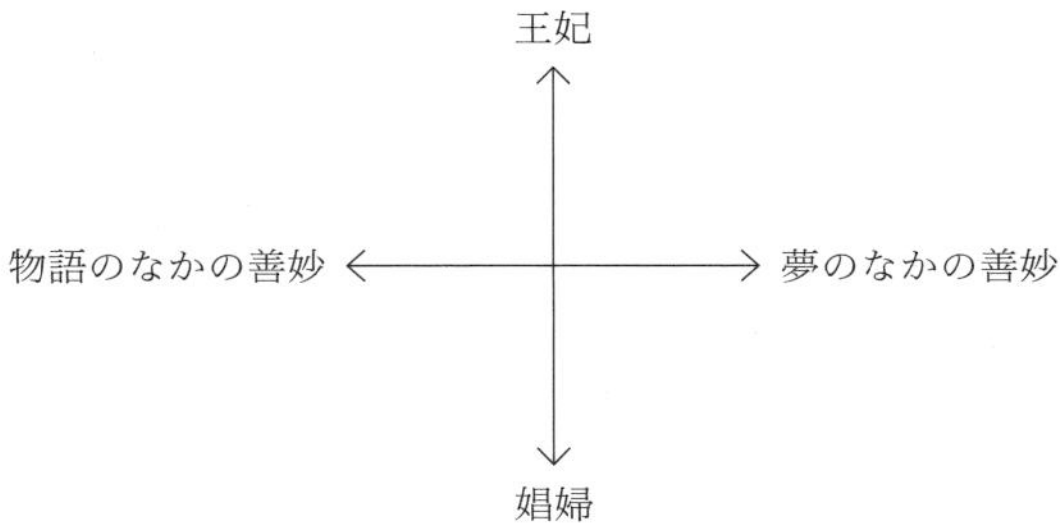

図1　明恵における女性像

は、自分が石化していた善妙を呼び覚まし、善妙が生命をもった、生きた女性へと化身するのを助けることができたと感じていました。この象徴的な変容は彼にとって非常に大きな意味をもちました。後年、日常世界において、明恵は善妙寺と名づけた尼寺を建立し、戦乱に敗れた武士たちの未亡人や子女が出家するのを受け入れたのです。

図1は、元暁と義湘の生涯において活躍した女性像を、明恵の夢のなかの女性像の役割という観点から描いたものです。ここでは、母親元型が垂直軸、アニマ元型が水平軸となっています。母親軸の両極を占める王妃と娼婦は、双方とも普遍的に認められる女性像でしょう。両者の違いは、王妃が身体的接触を拒むのに対して、娼婦は性的な関係を受け入れることです。アニマ軸の左側の極には、『絵伝』の善妙が位置づけられます。彼女は生身の男との人間的で個人的なかかわりを求める処女です。けれども、王妃と同じく、彼女もまた男性との身体的な

かかわりを実際にもつことはありません。アニマ軸の右側の極には、明恵の夢のなかの善妙が位置づけられます。この蘇生する女性像は、男性との身体的なかかわりをもちます。

この図はパラドキシカルな反転を明確に示してくれます。母親軸の上下の両端、そしてアニマ軸の左右の両端は、それぞれ端と端とがつながって逆転する関係にあります。このことは、元暁は、彼が「娼婦」の極に降りてゆくことによって、まさに「王妃」に出会うことができたということを意味しています。大多数の僧侶は「娼婦」との接触をもっていながら、「王妃」にも到達しようと中途半端に試み、失敗に終わってしまいます。つまり、ほとんどの僧は「娼婦」との関係を秘密にしていたということです。彼らには、元暁のように、公然と「娼婦」を抱くようなことはとてもできず、その意味で、彼らはいつも元型の縁を浮遊することになって、結局のところ、王妃に到達することはできません。なぜなら、王妃は、「娼婦」という反対の極の深みに公然と飛び込むことによって生起するエナンチオドロミア[訳注：反対の立場・見方になること]においてのみ顕現しうるものだからです。なまぬるく煮え切らない精進や努力では、彼らが最も恋い焦がれる「王妃」からかえって遠ざかってしまうということになるのでしょう。

同じようなパラドクスがアニマ軸においても見られます。たいていの日本人男性にとって、母親軸はあまりにも強力なので、アニマ軸の関係のための余地はありません。たとえ彼らがアニマ軸の左端を占めるアニマ像と出会う機会があるとしても、右端への移動を試みるやいなや、例外なく障害に遭遇することになります。石化が始まるか、その関係が母親軸の下方へ移行するかのいずれかでしょう。明恵は、アニマ軸の左側の限界に至ることによって、右側のアニマ軸の極への飛躍を成し遂げました。彼は戒律を守りましたが、開かれた態度を保っていました。ありきたりな性的接触を拒否することを通して、彼は女性との深遠で誠実な関係を築くことができたのです。

実際に、明恵が石化した善妙を蘇生させたことによって、日本文化における生命なきアニマの再生は成し遂げられました。しかしながら、明恵によって達成されたこの課題は、誰もそれを継承することができないほど、とてつもなく大きなものでした。彼自身、誰かがそれを継承することを期待していたわけでもないし、意図していたわけでもなかったでしょうが、彼が成し遂げたことは、今日の日本人が西洋と出会う上でも意義深いということを指摘しておきたいと思います。つまり、日本人にとっては、西洋の存在様式を理解できるようになることが必要であるばかりではなく、近代西洋的な思考の習慣や理論を同化することで、われわれ自身のこころの内側に引き起こされる変化を自覚し、それに対応しなければならないということです。

聖フランチェスコと女性

聖フランチェスコもまた、女性に高い価値を置いた人物です。彼は聖クララや彼女が院長をしていた聖ダミアーノ修道会の他の尼僧たちと良い関係をもっていました。聖クララは、一一九四年に裕福で高貴な家に生まれました。彼女には、アグネスとベアトリーチェという二人の妹がいました。彼女の母親オルトラーナは信仰心が深く優しい女性でした。クララを身ごもったとき、彼女は一心に無事で幸せな出産を祈ったといいます。そして、彼女は、自分が産む子どもが多くの魂にとって輝く光であることを確信させる神秘的ヴィジョンを体験しました。子どもが生まれると、オルトラーナは、自身が体験したそのヴィジョンの内容に従って、その娘をクララ(輝く、光る、にごりないの意)と名づけたのです。

クララは宗教心の深い、非常に美しい少女でした。聖フランチェスコの説教を聴き、彼女は深く心を打たれ、彼を導き手や模範とするようになります。彼女の両親は結婚するように勧めましたが、彼女は密かに、キリスト以外の伴侶を決してもつことはできないと心に決めていました。彼女は、キリストの花嫁になりたいという希望について家族とこれ以上議論をしても無駄だと気づき、先手を打って家を出ます。そして彼女は従妹と共に逃げ、ポルチウンコーラの隠遁所にたどり着いたのです。フランチェスコはそこで彼女の髪を切り、自分自身と同じような粗末な衣服を着せました。そして、このような新たな衣服を身にまとった二人の若い尼僧を、ベネディクト修道会に属していた聖パウロ修道院に送ったのです。

クララの両親や他の親戚たちが、彼女の失踪を知ったとき、烈火のごとく怒ったのは無理もありません。クララがいなくなって一五日後、さらに、妹アグネスも後を追い、宗教生活に入ります。これによって家族の憤怒は頂点に達し、クララの叔父モラルドは、騎士たちの一団を引き連れて出発し、修道院の門を打ち破ろうとしました。叔父が力ずくでアグネスを連れ戻そうとしたとき、彼女は叫んでクララに助けを求めます。クララが神の加護を懇願すると、言い伝えによれば、アグネスの身体はどの騎士にももち上げられないほど重くなったと言われています。そうしている間に、クララがやってきて、猛々しい親戚たちと対決し、アグネスを解放するよう命じました。騎士たちはクララの声を聞いたとたん、乱暴を止めてアグネスを解放し、家に逃げ帰ってしまったのです。石のようにアグネスの身体が重くなったというこの伝説は、義湘が仏陀の教えを広めるのを助けるため、善妙が自らの身を巨大な石に変えたという物語を思い出させます。

後に一番下の妹ベアトリーチェも修道院のクララとアグネスに加わり、尼僧となりました。彼女たちは間もなく、クララを手本にしたいと願う女性たちと共に、聖ダミアーノ修道会に所属する、ある修道院で一緒に暮らすようになります。聖フランチェスコはクララと聖ダミアーノ修道会の他の尼僧たちを深く愛していましたが、彼女たちへの愛があまりに人間的なものであることを恐れて、そう頻繁に彼女たちを訪ねることはしませんでした。けれどもあるとき、フランチェスコの弟子たちが、クララを招待して天使の聖マリア教会で一緒に晩餐会を催すよう、彼を説得しました。クララは、修道女一人に伴われてそこにやって来ます。彼らのいつもの習慣で、地面に座って晩餐がとられ、聖フランチェスコはクララの隣に腰を下ろしました。そして、食事を少し口にするやいなや、聖フランチェスコは、神について語り始め、彼らはすぐに恍惚の境地に入りました。すると、ほどなくして群衆が教会に駆けつけてきました。この人々は、アッシジとその周辺の住人たちでした。彼らは、森の木々を被う燃え立つ炎を見て、大火事で天使の聖マリア教会が燃えてしまったと思い込んだのです。教会に着いてはじめて、彼らは、自分たちが見た炎は二人の聖なる人を燃やす神の愛の炎であることに気がついたといいます。

聖フランチェスコの女性とのかかわりを考える際、私は「ブラザー・ジャコマ」のことを忘れることができません。ブラザー・ジャコマは位の高い貴族の婦人でした。彼女は結婚して二人の子どもをもうけました。夫が死んだとき、彼女は尼僧になることを望んだのですが、自分の子どもたちの後見や財産の保護について考え、修道院に入ることができなかったのです。彼女は有能な女性で、非常にエネルギッシュだったので、フランチェスコは冗談で彼女のことを「ブラザー・ジャコマ」と呼んでいました。この愛情のこもった呼び名から、フランチェスコが彼女に抱いていた極めて親密な感情がわかりますが、かと言ってそれは、その愛称が字義通りに示すような同性愛に基づく感情だったわけではありません。

フランチェスコは、ローマを訪れた際にはよくジャコマのもとに立ち寄りました。彼女は、アーモンド、砂糖、そして他の材料を混ぜ合わせた「モスタチョーリ」と呼ばれる美味しいお菓子を用意しました。フランチェスコは特にそれが好きで、死の床についたときもそれを求めました。死期が近いことを知ったとき、フランチェスコはブラザー・ジャコマに宛てた手紙を書き取らせ、「もし生きている私に会いたいなら、すぐに来なさい」と伝え、また、彼は自分の埋葬に必要なもの一切をもってくるように頼みました。モスタチョーリをすごく食べたいと、手紙につけ加えていたまさにそのとき、ジャコマ夫人その人が二人の息子と共にローマから到着しました。この共時的な出来事が示すのは、いかに聖フランチェスコとジャコマ夫人が互いに深く結びついていたかということなのでしょう。食物に対する禁欲で知られるフランチェスコが、甘くて美味しいお菓子を(とりわけ死期が近くなって)、彼の人生のなかで身体的なものと女性的なものを具現化する女性であるブラザー・ジャコマから直接受け取ること、そしてそれを求めることさえできたというのは極めて興味深いことです。おそらく彼も、明恵と同じように、最後には自身の「ブラザー・アス(馬鹿)」を不憫に思うがゆえに、より十全に自らの身体的な側面を受け入れることができたのでしょう。

精神性と性欲は、キリスト教で明確に分離されているほどには、非キリスト教的な観点からすると区別できません。聖フランチェスコのブラザー・ジャコマとの関係は、愛の具現化された側面を表出し受け入れるひとつの手段だったのかもしれません。私がこのように言うのは、フランチェスコの神聖なる愛の価値を貶めるためではなく、最も深い心的レベルにおいて二人の人生を比較したとき、フランチェスコと明恵の双方がいかによく似通っているかを示すためなのです。

自然とのかかわり

明恵も聖フランチェスコも、自然に対して親近感を抱いていました。京都の高山寺には、鳥たちが頭上を飛び交うなかで、一本の木の上で瞑想している明恵を描いた有名な肖像画があります。アッシジの聖フランチェスコ教会には、鳥たちに説教するフランチェスコの絵があります。二人ともこのように自然との結びつきを感じていましたが、それぞれの信仰に基づく自然の捉え方には違いがあります。最も本質的な点としては、仏教は人間と他の生きものとの間に区別をもうけないということが挙げられるでしょう。それゆえ、明恵が自らと他の生きものとのあいだにほとんど違いがないと感じていたのは当然のことのように思えます。彼はしばしば他の生きものの痛みを感じており、そのような親近性を描いた話は複数存在しています。彼は共時性に包まれていました。例えば、瞑想の最中、彼は寺の別の場所にある手水桶のなかに蜂が落ちるのに気づき、弟子の一人に言って、蜂を助けに行かせます。弟子はその場所に行き、明恵の言う通り、蜂が桶のなかでもがいているのを見つけて驚きました。他にも、明恵が傷ついた鳥や野生の動物を助けようとした共時的な出来事があります。また、明恵は「島」に対してさえも親近感を抱き、島に宛てて手紙を送っています。自然界の無生物の相さえも仏陀の本性を有しており、それゆえ、自分自身と同じであるということを彼はわかっていたのです。もちろん、彼の島への手紙は、ユーモラスな雰囲気で書かれているのですが。

明恵の自然との一体感は以下の夢によく示されています。夢のなかで、二匹の狼が近づいて来て、彼をむさぼり喰い始めました。そのとき、彼は「これが私のしたかったことだ。自分自身を彼らに捧げよう」と考えます。しかし、二匹の狼が明恵をたいらげてしまったというのに、明恵はまだ生きていました。思いもよらないことで、冷や汗をかいて彼は目を覚まします。この夢は明恵の自然界の生き物との一体感を表現したものであるように私には感じられます。双方にとってかけがえのないものは、食べたり、食べられたりできないものなのです。

聖フランチェスコは、キリスト教の信仰と明恵のコスモロジーとは異なっているため、そのような自然との強烈な同一化は体験しませんでした。しかし、彼が鳥たちに説教し、一匹の狼に話しかけ手懐けたことはよく知られています。彼の自然界の生き物とのかかわりは、同一化というよりもむしろ近親関係でした。動物たちは神の被造物であり、神によってつくられ、フランチェスコのきょうだいとされたものだったのです。ところで、次のエピソードは、フランチェスコの動物との近しさを描いていると言えるでしょう。四〇年間、聖フランチェスコは自分一人での祈りを実践していましたが、その間、毎朝一羽の鷹が彼を起こしにやって来ました。ところが、彼が普段よりも疲れているときには、鷹は遅くやって来て、彼がいつもより少し余分に眠ることを許したのだといいます。この鷹は彼の置かれた状態に完全に共感していたのです。

なぜこのような類似性が生じるのか?

すでに述べたように、聖フランチェスコと明恵上人の精神的な生活や体験に多くの類似点が見られるというのは、驚くべきことです。彼らが拠って立つ宗教上の伝統の大きな違いを考慮するなら、それは本当に例外的なことだと言えるでしょう。ここで、なぜこのような類似性が生じたのかということについてひとつの考えを示したいと思います。

まず指摘したいのは、フランチェスコも明恵も自身の宗教を理論的に研究することやアプローチすることは好まなかったということです。その代わり、彼らは二人とも完全に、祈りや瞑想といった独行に専心し、自らの直接的な宗教体験を頼みとしました。心理学の用語を使うとしたら、彼らは無意識から提示されたものを信頼したのであって、知的な議論やディベートはあてにしなかったと言えるのではないでしょうか。明恵は、彼の『夢記』が明確に示すように、自身の夢によって導かれました。聖フランチェスコも、人生における重要な時期において意味深い夢を見ましたし、またそれに価値を置いてもいました。二人とも自分の精神の進む道の方向性を自分自身の内側に探し求めていたのです。内省的な凝視のなかで感得したことが、彼ら二人を極めて類似した行ないや直観へと導いたと言えるでしょう。

次に、彼らの生き方は徹底したものでした。彼らは僧として、その当時の他の僧たちとは多くの点で相当異なった修行生活を送っていましたが、自身が属している宗教組織や修行の伝統を批判したり改革したりすることは望みませんでした。明恵にとって最も重要なのは、お釈迦さんが指し示した道を追い求めることでした。聖フランチェスコは主イエス・キリストとの霊的交わりとその倣いのうちに自身の人生を送りました。これらの内的な方向性をもちつつ、それぞれがインスピレーションを求めて無意識に目をやり、そして自己《セルフ》という中心領域から立ち現れる洞察に従おうとしたのです。聖フランチェスコも明恵も、非常に異なる出発点から旅を始めましたが、互いに非常に近い場所でそれを終えることになったと言えるでしょう。

最後に、明恵もフランチェスコも人生において女性的なものを、そして生身の女性を必要としました。彼らが生きた時代の趨勢では、女性的なもの、とりわけ女性は最も貶められていました。物質《マター》は精神とは相容れないものと見なされていて、官能性と精神性は互いを排除し合うものと考えられていたのです。フランチェスコと明恵は、夢や、禁欲を守りつつも生身の女性と開かれたかかわりをもつことを通して、自分自身の内面に女性的なものを再生させ、精神と物質との間に必要不可欠な相互補完的な関係を築いたと言えるでしょう。

聖フランチェスコと明恵上人は、物理的な次元では、大きな隔たりをもって生きていましたが、精神的・心理学的な発展の次元では極めて近い次元を生きていました。生きていくうえで彼らが選んだ生き方は、この現代において、宗教やイデオロギーの違いに苦悩するわれわれが、いかにして共に平和に暮らしてゆくかを考える上で貴重なヒントを与えてくれているのかもしれません。

(田中康裕・高月玲子 訳)

田中康裕(たなか やすひろ)
一九六三年生まれ。上智大学大学院博士後期課程単位取得満期退学。博士(心理学)。ユング派分析家資格取得。京都大学大学院教育学研究科准教授。著書に、『心理療法とイメージ』(共著、岩波書店)、『魂のロジック』(日本評論社)、『心理療法の未来』(創元社)など。

高月玲子（たかつき　れいこ）
一九五五年生まれ。京都大学大学院教育学研究科博士後期課程単位取得満期退学。天理大学人間学部人間関係学科臨床心理専攻教授。著書に、『シネマのなかの臨床心理学』（共著、有斐閣）、『臨床心理学の世界』（共著、有斐閣）、『心理療法と身体』（共著、岩波書店）など。

［論考］

あいまいの記憶

中沢新一

1

一九九九年三月、国際日本文化研究センターに内外から多彩な顔ぶれを集めて、「あいまい」を主題とするシンポジウムが開かれた。主催者は当時このセンターの所長であった河合隼雄先生、私はプリンストン高等研究所の友人の宇宙物理学者ピート・ハット(Piet Hat)氏と協力して、コーディネートの仕事を手伝った。

ことの発端は、河合先生と交わしていた、いつもの楽しい雑談であった。たしかそのとき私は、神話の話法に制限を加えている、ある種の論理的秩序について話していた。神話の語りは自由奔放に見えて、じつはつぎの展開がどうなるかを決めている内面的な秩序につき動かされている。そのため、神話が何を語ろうとしているのか、ときにはじつにあいまいなように見えるけれど、深層では骨太で厳格な論理が働いている。その論理は、通常の論理とは違う動き方をする。そこで通常の論理から見たら「あいまい」なことしか語っていないという意味で、神話の中で働いている論理を「あいまい論理」と呼ぶこともできるのではないか、そして河合先生のいつものあいまいな話ぶりの深層でも、それと同じ「あいまい論理」が作動しているのではないか、というような話である。

河合先生は私の話にたいへん興味をしめされたようであった。じつはこのとき私が使った「あいまい論理」という言い方は、物理学者の柳瀬睦男氏の著作からの受け売りであった。素粒子物理学者であると同時にカソリックの神父でもある柳瀬氏は、量子論をささえている思考の本質を、「あいまい論理」としてとらえようと提案されていた。量子論は厳密な論理で構成されているが、その論理的構築体のいちばんのおおもとになる部分には、あまり厳格ではないやり方で構成された集合がセットされている。厳格なやり方ではすっきりと分離されていなければならないはずのものが、おたがいに重なり合う部分を含んでいて、そこから多少はみ出している部分の違いを大目に見る「同値関係」を導入してはじめて、通常の論理操作のできる集合として扱えるようになる。したがって、量子論では、あいまいを厳密に扱う方法が発達しており、それを柳瀬氏は「あいまい論理」と呼んだのである。

同じような考え方は、二〇世紀になると数学でも発達してくるようになった。なかでも、トポロジーは図形のもついちばん原始的な性質を取り出してくるために、三角形と円のように直感が違うととらえている性質の多くを、「無視できるもの」と見なして、図形の間に「同値関係」を考える。三角形と円を同じ図形だと言うわけであるから、直感の複雑なレベルにとっては、あいまいなことしかいっていないように見える。しかし、この操作をとおして、きわめて厳密なやり方で、図形のもつもっとも原始的で、もっとも根源的な性質が、引き出されてくることになる。

このような性質をもつトポロジーから、「厳密なやり方であいまいを扱う方法」とも言うべき、ホモロジー数学というのがつくられてきた。いままでのように、あまりに潔癖なやり方ではなく、無視できる違いはゼロと見なして、たがいの間に「同値関係」を見いだしていって、そうしてつくられた「新しい数」の間に厳密な論理を守った数学をつくる、という考え方は、二〇世紀も後半になると、数学の多くの分野で中心的な考え方になってくる。岡潔先生の「不定域イデアル」という概念(これはのちに「層(sheaf, feaceux)」という概念に改造されて、現代数学に必須の概念となった)なども、このようなホモロジー数学の先駆けをなす発見である。

ようするに、厳密な方法を誇った自然科学にも、今日ではある種の「あいまい」が自分の席を得つつあるのだから、人間の心の生産物を扱う人文科学がいままでのように「お前の方法はあいまいだ」と貶されてばかりいる必要はないのであって、そろそろ攻勢に転じて、「あいまい」こそが未来を開く鍵だというような調子のよい主張を、人文科学が声高に宣言すべきではないのか。それに、これをやるのに僕たちくらいうってつけの人間はいないのではないか、とまあ、そんな話で盛り上がったのだった。

「そりゃ、おもろい」と河合先生。あいまいはでたらめとは違うんや、世の中のことは、ことばも含めて、「あいまい」という要素がなければじっさいには機能できない、「あいまい」な部分を含んだことばをうまく使って、人間はこの世のことを処理している、というのが先生の持論であることを、私は知っていた。これは、先生と交わした会話の中にも、何度も登場してきた考え方であった。この世には厳密なあいまいというのが存在する、と先生は確信されていた。

近代の科学はそのあたりのことを勘違いして、自然のメカニズムから人間の心にいたるまで、あらゆる現象が少しのあいまいも許さない厳密な論理を用いて、理解しようとしてきた。そういう論理思考の原理を表現しているのが、いままでの集合論だった。ところが、量子論理や層や集合論における「コーエンの強制法」などという新しい考え方が登場すると、ある種の「あいまい」を許容する数学が登場してくるようになった。哲学のほうでは、ウィトゲンシュタインが『哲学探究』のような本を書いて、言語はどんな小さな部分をとってみても「あいまい」を含んでいて、その「あいまい」を含んだことばをゲームのように交換しながら人間の世界は構成されていく、という考えを表明していた。厳密さの探求の極限に、このような新しいタイプの「あいまい」が生まれてきたのである。

河合先生はそのとき、自然科学から人間科学(人文科学)を貫いて、二一世紀的な思考の重要な要素となるにちがいない、「あいまい」の領土の輪郭を描くことを可能にするようなシンポジウムを開くことはできないだろうか、と思いつかれた。しかし、「わしとあんただけやと、信用されないおそれがある」からと、こういう問題に関心のある「ちゃんとした」科学者を集めてくれないだろうか、ということで、仏教に関心をもつプリンストン高等研究所の宇宙物理学者ピート・ハット氏の存在が浮かび上がった。こういう話題を世間的にも認知させるにはどうしたらいいのか、河合先生の政治的センスは、このときも抜群であった。

それ以後、話はとんとん拍子に進んで、サンタフェ研究所に出した招待状に複雑系のジョン・キャスティ(John L. Casti)氏が快く来日を承諾してくれる頃には、ほぼ陣容も整って、予定通り一九九九年三月の開催にこぎつけることができたのだった。あとにもさきにも、「あいまい」を中心主題とした、このような国際会議が開かれるのは、まことに稀なことである。「わしらのやろうとしていることは、このさき何十年かたたんと、理解されんやろな」とおっしゃりつつも、河合先生はこのシンポジウムを大いに楽しまれた。

2

開催の挨拶に続く講演に、河合先生は「Ambiguity and "I"(曖昧さと「私」)」という話をされた。いつものように手ぶらでふらっと演壇にあらわれた先生は、大江健三郎氏の「あいまいな日本の私」をもじったタイトルのもとに、ユーモアたっぷりに「あいまい」の諸相を語られたあと、いよいよ本題に入られた。少し長くなるけれども、そのときの先生の話を再現してみよう。

それでこの「曖昧さ」という点から明恵の歌を二首紹介します。これは日本人の曖昧さに関する考え方がよく出ていると思うんです。

心月の　すむに無明《むみょう》の　雲晴れて
　解脱《げだつ》の門に　松風ぞふく

こういう歌は日本人には非常にわかりやすい。心と月というのがどこかで同定されていて、そしてあの雲間から出て来る澄んだところの月というものを人間の心にたとえていっているわけです。その次も面白いんですね。

戯《たわぶ》れの　窓をも月は　すすむらん

すますともには　くらきよはこそ

これは結局、月が照らしているのは戯れの世界、世俗の世界であって、本当に心の澄んでいる人には暗い闇の夜の方がいいんだ、ということを言ってるんですね。ここで私が非常に感心したのは、西洋流にいうと迷いの晴れた心はむしろ太陽で表すのではないか。西洋の場合、太陽の明確さが非常に好きなんですが、日本の場合は月なのです。でも、月どころか明恵は闇のほうが一番澄んでいると言っているわけです。こう考えますと、「曖昧」というどころか、もうほとんどdifferentiate区別できないような世界こそ実は心が澄んでくるということを言っているわけです。

つまり一般に曖昧と言われながら実は曖昧ではなくてクリアな、そういう世界が現代は忘れられているということが、このシンポジウムの問題になると思います。(1)

いまになって読み返してみると、じつにクリアで「あいまい」な思考を、このとき河合先生は展開されていたのがわかる。太陽と月を対比することで、先生はこれまで西洋世界であまりにも有力であった近代科学の思考法と、東洋で主流であった考え方を対比されている。太陽は世界をあまねく照らし、細部に至るまで陰りもなく照らしだそうとする。そういう太陽型の論理を使って、近代科学は発達してきた。太陽型の論理は、ものとものの重なり合う陰りの部分にまで光をあてて、明確にこと分けしてしまおうとする論理である。その光のもとで「対象と自分との関係を切ってしまい」、対象を世界から分離してしまおうとする。これは能動的で、ある意味では現実にたいして男性的な攻撃性をはらんだ論理だとも言える。

これにたいして、月型の論理は、女性的で、受動的である。月の光の下の世界では、ものとものの重なり合うところにできる陰りの部分も、認識にとっては重要な要素となる。陰りの部分を切り捨ててしまわないとすると、ものともの、ものと自分を明確に分離してしまうことができなくなる。そこで、月下に生きる知性は、分離できない「糊しろ」の部分をゼロと見なして、ものとものの間に「同値関係」を考えて世界を分類し、弱い月の光に照らされても違いのわかる部分(夜目にもあきらかな部分)だけで、世界を構成しようとする。

そのために、月型論理の世界では、ものともの、ものと人間である自分との間に、思考の表面に出てこない(つまり「ゼロ」と見なされている)つなぎの働きをしている力が、感知され続けることになる。これが、太陽型論理による「こと分け」以前に、世界をひとつにつないでいる「情緒」であり、月型の世界は「もののあはれ」を原理として動くことにもなる。

河合先生がおっしゃるとおり、東洋人とくに日本人にとっては、「心月」という表現にもよくしめされているとおり、心の動きは太陽の光よりも、月の光との親和性のほうがはるかに強く感じられていた。言いかえれば、心は太陽型の論理にしたがってつくられているのではなく、月型の論理のように働いている、と伝統的に考えられてきた。心には論理能力がセットしてある。もしもその論理能力を、まわりの世界から分離して(抽象的に)働かせるとすると、そこには近代科学で発達したような太陽型論理が出てくることになるのだが、月型論理がとらえているような、ものともの、ものと人間とをつないでいる「情緒」を基本に考えるならば、太陽型の論理は現実の世界に抽象を押しつける、きわめて男性性の強い論理であるように、見えてくるのである。

このように、心は自然な状態では(外から無理な力や強制を加えなければ、という意味である)、月の論理と親和性の高い「あいまい」論理で動いている。「無明」の力がその心に働くと、心の本性が歪められてしまうことになる。そこで、心を月のように澄ます鍛練が必要になってくる。雲間が晴れて、心と月がひとつの働きに統一されるとき、悟りの世界が開かれてくる、と明恵の第一歌は述べている。

量子論理や層や新しい集合論の考えなどは、これまで近代科学を支配してきた太陽型の論理に重大な修正を加えることで、心の自然な働きに近い月型の論理によって、より柔軟な思考を開拓しようとしている、と見ることができる。この思考法を深めていくと、対象と自分(エゴ)が強く分離されてしまうことのない世界が、開かれてくることになる。

この世界では、現実は多義的で、それを一義的に決定することはできない。一義的な意味を現実に押しつけることができなくなるから、心の作用が現実を支配したり、操作したりする能力にも、限定が加えられることになる。心とものも分離できなくなる。

それならば、世界は「もののあはれ」としての「情緒」によって統一されているのかと言えば、それもまた間違った考えだと、明恵第二歌は主張している。「戯れの　窓をも月は　すすむらん」。月型の思考が照らしだす世界もまた、ひとつの戯れにすぎないからである。心は、太陽も月もない、真っ暗闇を本体として、澄みきった運動をおこなっている、と明恵は語っている。自らを照らしだす太陽も月もない状態で、自ら生起し、自ら消滅する運動を続ける心の働きは、カオスではなく、それ自体がひとつの秩序なのである。この真っ暗闇の「光」に照らしだされるとき、太陽の下の現実も虚仮《こけ》ならば、月の光のもとの女性的現実もまた、ひとつの戯れであることが、はっきりと見えてくる。

河合先生の「あいまい」の評価は、このような月型の論理の重要性の認識に立っていた、と言える。月型の論理は、現実にたいしては、合気道のように、あくまでも受動的で、ある意味で女性的なふるまいをする。しかし、近代科学の思考法にリードされている世界は、これまでこのような月型の論理に正しい評価を与えてこなかった。それに、ものと人間を完全に分離して商品化する、市場社会を突き動かしている論理も、じつのところは太陽型の論理で動いているのである。

河合先生は思想家として、このような太陽の論理の圧倒的な力と戦い続けたのだ、と私は思う。先生の援軍はここでも月の世界からもたらされた。旧石器時代から新石器時代の半ば頃にかけて、人間は哲学を神話の形式をとおして表現したが、その時代のカレンダーは月にしたがって進行していた。そのため、神話はのちのギリシャ哲学や科学と違って、まさに月の論理をもって語られたのである。河合先生は、人の心を月として開いていくために、この神話の力を存分に活用した。

神話は「あいまい論理」によって動く。ものとものとの間に、いつも明確な違いだとか同一性だとかを見いだそうとする太陽型論理と異なって、月型の論理はものとものとを陰りの部分でつないでいるアナロジー関係を見いだすことによって、世界を「隠喩の森」で埋めつくす。隠喩はものとものの、ものと人間を分離するのではなく、見えない力でそれらを結び合わす働きをもつ。しかも、隠喩の結合法はでたらめどころではなく、古今の詩人たちの努力を見ればわかるように、きわめて厳格な掟にしたがっている。「つまり一般に曖昧と言われながら実は曖昧ではなくてクリアな、そういう世界が現代は忘れられている」。そのことをみんなに気づかせるために、先生はご自身が、クリアな曖昧という存在として、生き抜かれたのであった。

3

「中空構造論」として有名になった、日本論をめぐる河合先生の思考も、じつはこの「あいまい」の問題と、深いところでつながっている。人間の心は、自然な状態では、月型の論理にしたがって作動している。そのために、フロイトもユングも、ある種の「あいまい論理」を駆使して、心の本性に迫ろうとした。無意識は、現実の世界で違うものとして分離されているものを、「同じもの」と認める思考法を得意とする。夢の中では、どこかが似ているというだけで、まったく違う現象や対象が、同じと認定されて、ひとつながりに結ばれて、思いがけない展開を繰り広げてみせる。無意識は、ことばの世界での隠喩や換喩とよく似たメカニズムで動いているのである。

つまり、「心とは月である」というのが、精神分析学の発見なのであり、それをメカニズムとして表現すると、ことばにおけるアナロジーの機構に近い働きをするもの、と言いかえることができる。ところでこれはラカンの発見したことだが、アナロジー的な作動をおこなう心は、必ず中心に穴の空いたドーナツ状の構造(トーラス)をとることになる。明恵＝河合隼雄の表現を用いると、それはつぎのようなメカニズムによる。

人間は心の真実を求めて、それをことばで表現しようとする。心の真実を太陽の論理でとらえることは不可能だが、さりとてそれを月の論理でもとらえきることはできない。それは、ことばの及ばない真っ暗闇のようなものだからだ。それでも、受動的で女性的な月型の論理は、「これは何かに似ている」というアナロジーの仕組みを用いて、優しくその心の真実に接近することができる。心の奥深いところに働く、無意識の機構をとおして、太陽も月も及ばない心の真実に近づいていった心は、そこでひとつの比喩のことばに出会うことになるだろう。しかし、それは心の真実に似てはいるが、そのものではない。そこで心はさらに別の比喩のことばを求めて、活動をはじめる。

こうして心は自分の真実を求めて、つぎつぎと比喩のことばを生み出していく。月型の論理が生み出す比喩のことばは、中心に隠されていると思われる心の真実に近づいていこうとするが、近づくほどに遠のいていくという、奇妙な現象に苦しめられることになる。こうして無意識の心は、たくさんのことばで埋めつくされていくようになるが、その中心部には、けっしてことばの到達することのできない空虚な穴が、残されることになる。このように、月型の論理が表現しようとする世界は、真ん中に穴の空いた中空構造をしている。フロイトが「無意識」として取り出そうとしたのは、月の論理で動くこの心的機構であるから、とうぜんのこと、無意識は真ん中に穴の空いた「トーラス」の構造をしていることになるだろう。

能動的で、つねに世界のすべてを理性でとらえつくそうとしている太陽型の論理には、世界がそんなふうに穴の空いた不完全な構造をしているのが、耐えられない。そこで女性的な月の論理の描く穴の空いた世界像を否定して、中空の穴を意味で満たしてしまおうとする。しかし、それはつねに不可能な試みに終わる。その穴は、権力によっても、意味によっても埋めつくすことができず、そのまま真っ暗闇であるところの心の真実につながっているからである。

河合先生があきらかにしたように、日本文化がこのような中空構造を保ち続けてきたとすれば、それはこの国の文化が、西洋世界を突き動かしてきた太陽型の論理ではなく(この型によって造型された文化は、中空を意味で充たそうとするため、ある種の息苦しさや抑圧をかかえ込むことになる)、アナロジー思考と情緒によって作動する月型の論理を生かした文化であるからであり、その内部ではとうぜんのことのように「あいまい論理」が活発に活動することになる。つまり、「あいまいさ」を重視する文化は、同時に政治や宗教の領域で、中心に穴の空いた中空構造をつくりだすことになるわけである。「あいまい」と中空構造との間には、こうして一貫したつながりが見いだされることになるが、この一貫性こそは、じつは河合先生の思想を支え続けた土台でもあった。

4

「あいまい」シンポジウムの後しばらくして、河合先生は文化庁長官となられて、政治の世界の中枢部に入っていかれることになったため、自然科学から人文科学を貫通する「あいまい論理学」の構築をめざすというような企ては、その後ついに展開されずじまいに終わってしまった。先生はまさに決断の論理の容易に通用しない、中空構造型政治のど真ん中でフィールドワークをおこないつつ、「あいまいさ」が発生させる負の泥沼の中で、最後まで格闘を続けられた。

河合隼雄先生は、ユングとともに、月の論理に由来する「あいまいさ」のもつ考古学的な深さを熟知されていた。そして、それが内包する可能性ばかりか、そこから流れ出る毒についても、正確な認識をもっておられたように思う。先生はその人生の最後の時期に、毒を流出させる「あいまい」の世界に身を投じられたが、その決定の背後に、「あいまい＝中空構造」の世界についての深い認識と愛があったことを、多くの人はいまだに語りたがらない。

しかし、私は知っている。よいところも悪いところも含めて、日本文化を生み出しつづけている原理の根が、とてつもなく深い人類の心の考古学的地層にまで達していることの認識の上に立ちながら、その原理を心から愛した人は、たとえその愛によって自分が傷ついたり、生命を短くされたとしても、そのことで後悔などはしないものなのである。いっぽう私に後悔があるとすれば、あまりに多忙であった先生の尻を叩いてでも、「あいまい」の知をめぐる第二、第三のシンポジウムを開催して、たしかな道しるべを失いかけている日本人の文化に、自己認識と方向づけを与える、河合先生のいくつもの知恵のことばを引き出しておくことができなかった、自分の怠慢にたいしてである。

［文献］

（1）河合隼雄・中沢新一編『「あいまい」の知』岩波書店、二〇〇三、七―九頁。

落としどころについて——河合隼雄における《臨床》と《対話》

鷲田清一

わたしが「河合隼雄」という存在にはじめてふれたのは、京都大学での一般講義においてであった。一九七〇年代の初めの頃、河合さんが京都大学教育学部に赴任されてすぐのことではなかったかとおもう。教職科目になっている「教育心理学」の講義で、河合さんは教壇の横に脚を組んで坐り、他人の書いた教科書を読むだけだった。そっけない講義、ときめきのない九〇分という印象、それだけがいまもわたしのなかにしっかり残っている。この教官の心はここにあらず、講義しながら神経はまったく別のものに連結されているという、そんな違和感をもった。その時期が河合さんの生涯の仕事において、とくに「臨床心理学」の形成にとって、どのような時期だったのかは、一介の学生であるわたしには想像もつかなかった。ひょっとしたら書き言葉でしか語れない病というものをこの「教官」も患っているのではないかと、勘ぐりもした。これはひょっとしたら大学教育というものへの凄まじい絶望の表現なのではないかとまでは、そのときおもう由《よし》もなかった。以後、わたしの足はあの教室に向かうことはなかった。

それから三〇年近くを経て、わたしが《臨床哲学》というプロジェクトを哲学の分野で立ち上げるようになってから、「臨床つながり」でしばしばお目にかかってお話をうかがう機会に恵まれるようになった。そして二度、対談もさせていただいた。その冒頭、いきなりエールというか心地よいジャブを入れられた。会うなり「鷲田さんが「臨床哲学」というのを唱えるようになって、すごく喜んでいるんですよ」と声をかけてくださった河合さんに、わたしは「初めて先生と立ち話させていただいたとき、開口一番「特許料くれよ」と言われました」と応えると、すかさず「で、いつ払ってくれはるの？」とやり返された(1)。

河合さんはかくのごとく、対談では、わたしが昔に受けた講義とはうって変わって朗らかで、いたずらっ子かお調子者のような悪ふざけもなさる。たまに眉間に皺をよせられ、凄まじい形相で深く黙り込まれることもあるのだが、そしてそれについては後ほど少しふれたいとおもうのだが、ともかく別人のようにテンポがよい。やりとりはもちろん関西弁で、である。

さて、そのことがいいと単純に書いているわけではないのだが、小松左京は関西弁でのやりとりについてこう述べている。「あのまだるっこいような、圭角のとれた関西弁は、「論争」や「処断」の言葉ではなく、「話し合い」の言葉なのである(2)。関西弁は、「座談」には向いているが、「論争」や「演説」には全く向いていない」。それは、関西弁のきわだった特徴の一つが受け応えの妙にあるからだといえる。ただ言葉を受けとりっぱなしにしない。間髪入れず鋭いつっこみを返すばあいもあれば、すっと受けとるだけのばあいでも「そうなんやあ」というふうに、受けた言葉を大事にくるんで返すこともある。おちょくりやはぐらかしで応ずるときも、味付けなしには返さないが、それも一発かますだけ。くどくどとしつこくくり返しはしない。

まるで小松のこの言葉をじぶんの仕事にトレースするかのように、河合さんはカウンセリングについてこう述べている。

「対話」とは異なるが、一対一で人と話し合うことは私の職業である。「話し合う」などというよりは、相手の世界に対して可能なかぎり自分を開き、自分の人格を失ってしまうほどのぎりぎりの線まで、相手の世界を許容する。ほとんど自分の人格を消し去るほどの態度をとりながら、最後のところで一人の人間であることを失わない、というような会い方をしている。このような基本姿勢が身についているので、来談された初対面の方が、自分でも驚かれるほど一挙に深い話にはいってゆかれるのである。

対談をするときはフツーの人間として会っているつもりだが、やはり職業として身についていることが急に消えてしまうわけではないので、どうしても私の態度が呼び水になってしまうのか、対談の前後、あるいは最中でも、相手の極めて個人的なことが語られ驚くことが割にある。もちろん、そんなのは記録には残っていない。そして面白いことに、対談が終わって暫くすると、そんな内容を私はきれいさっぱりと忘れてしまっている[3]。

ここには、河合さんの考えるカウンセリングという仕事の要諦が、そして河合さんがなぜ対談という「話し合い」のスタイルを好んだのかの理由が、短い平易な言葉に圧縮して語られているようにおもう。そして前者について言われていることを、わたしが河合さんとの対談でうかがったこと——河合さんから言葉として受けとったことと河合さんの面もちから密かに探ったこと——に重ね合わせつつ敷衍することから、きっと、後者、つまり河合さんが対談というものをこよなく愉しんだ理由が見えてくるにちがいない。

カウンセリングはたしかに「一対一」での話し合いである。しかも、通常の話し合いとは異なって、「相手の世界に対して可能なかぎり自分を開き、自分の人格を失ってしまうほどのぎりぎりの線まで、相手の世界を許容する」ような、話し合いとも言えないような特殊な語らいである。河合さんは初期からそれを「聴く仕事」とも言っている。ここで「聴く」というのは、相手のことを理解することとは違う。理解するためにはまずは、河合さんもここで述べているように、ひたすら聴くことが必要である。考えや思いを肯定したり否定したりするのではなく、ただその言葉を受けとめる、話す側からいえばじぶんの言葉が相手に届いたということが、ここでは大きな意味をもつ。もちろんそれはたやすいことではなくて、話す側からすれば、じぶんの鬱ぎを言葉にできないからもだえているわけであり、また言ったってどうせ分かってはもらえないだろうとおもってしまって口が重くなるし、さらにかろうじて言葉にしえてもそれがそのとおり受けとめられているか心許ないから、じぶんの吐く言葉の感触をそのつど確かめつつ話さなければならず、だからどうしてもとぎれとぎれになってしまうし……というふうに、言葉と言葉のあいだに何度も長い沈黙がはさまる。その空白の時間に耐えつづけるのはむずかしいことだ。だから聴くほうはつい、「あなたが言いたいのはこういうことじゃないの?」というふうに、言葉を挟んでしまう。受けとめる前に摑まえてしまうのだ。

「摑むことで聴けなくなってしまう」、だから大事なのは「ふわーっと聴く」こと。対談で河合さんはそう表現しておられた。それは、〈解釈〉というグローブをはめてクライエントに接してはいけないということだろう。「ふわーっと聴く」、河合さんはこれをときに「ぼやーっとして聴いている」とも言い換えるのだが、それは「偶然」というものが入ってくるための隙間を大きくしておくことである。ここでいう「偶然」はもちろん、ユング派のひとたちが「因果律」に対置した「シンクロニシティ」の生起とまで言うべきものではなく、じぶんが保持してきた解釈の網の目をゆるゆるにすることで、それまではそのつんだ網の目に引っかかってしまい、こちらまで届かなかったものが、それを通り抜けてすうーっと入ってくるということだ。

ふつうはこうした解釈の網の目こそひとの自己理解の枠組みをなすものと考えられるのであるが、河合さんはおそらく、解釈の網の目というものをいわば便宜的なもの、とりあえずの(prima facie)ものと考えていて、自己というものの場所をそのもっとこちら側に思い描いている。解釈のさらに手前で相手(の言葉)をキャッチしようとしているものをこそ「魂」と呼んでいたのだろう。だから、河合さん自身の言葉でいうと、「理解」することよりたがいの内に「動き」(move)を生じさせることが重要だということになる。

> ある客観的事実をできるかぎり、そのまま伝達しようとするのではなく、こちらの主観の動き《ムーブ》に相応する動き《ムーブ》を相手の心のなかに起こす、というようなコミュニケーションを試みなくてはならない。それはどれだけ正確に伝わったかということが問題になるのではなく、どれほど相手にとって意味ある動き《ムーブ》を生ぜしめたか、ということが焦点となってくるのである。[4]

関西弁を崩さない河合さんが、小松左京の文章にもあったように「演説」——ここにはひょっとして、わたしが受けたような「講義」も含まれるのかもしれない——を好まない理由も、相手の言葉をひたすら受けとめるなかで自身の内部に起こった「動き《ムーブ》」が反照するかたちで相手の内部にも起こるというような、そういう交感の地平に身を据えようとしていたからだとおもわれる。河合さんとの往復書簡のなかで綴られていた富岡多恵子の言葉を借りれば、「二分法でこぼれたまま、「共存」までにも至らない感情の未分化それ自体と共鳴を起こす」ことを河合さんは狙っていた。

解釈の網の目にかからないまま、ということはほとんど気配といったような朧気なかたちをしかとらないまま、「感情の未分化それ自体と共鳴を起こす」ことで心理療法家がそこに生起させようとしているものは、いったい何か。「解決」よりも「創造」を、と言う河合さんにとっては、意識の緊張を緩め、「カキマゼ」て、そこに新しい、生の別の布置が生まれてくるその〈触媒〉になることが、心理療法家の仕事となる。そのためにこそ「ふわーっと聴く」のである。

「相手の方は自分の心の底にあるものをつぎつぎと出して来られる。［……］私の心が開いているのがわかると、未整理の引出しやたんすの中味を全部ぶっちゃけるように、いろいろなものが投げ出されてくる。そうしながら、それらを二人で整理してゆく。整理ができるということは、それら雑多の内容が「物語」としての形をそなえてくることなのだ」と、河合さんはいう。

しかし、そこに新たに生起するものが「物語」、つまりは自己の語りなおしであるとして――R・D・レイン(R. D. Laing)は「自己のアイデンティティとは、自分が何ものであるかを、自己に語って聴かせる説話《ストーリー》である」と言っている――、その語りなおしがよい語りなおし、あるいは正しい語りなおしである保証はいったいあるのか。その物語が相手の心根に的中しているという感触というか手応えは、どのようにして確認できるのか。同語反復のようになるが、おそらくは、物語の「中味」そのものにではなく、語りなおすということそのことにより大きな意味があるとおもわれる。語りの内容じたいに正否があるわけではなく、正否がさだかでないままに本人に肉迫してゆくような物語を求める、そう、暗闇のなかの手探りのように。が、このように応じたところで、問いはいまいちど元の場所に差し戻されるだけである。「肉迫」の程度はどのように測られるのか、と。

　このことは河合さんにとってはとうに織り込み済みのことなのであって、そういう語りなおしにおける「かたり」がしばしば「カタリ」(騙り)として制作されるものであることに、折りにふれて注意をうながしている。河合さんにとって「物語の正否」を質すことよりもはるかに重要なことは、物語られるべき〈問題〉の穴の深さに、物語ることで蓋をするのではなく、その底なしの淵のような深みをさらに掘り下げてゆくことであったとおもわれる。そのなかで「魂」が一つの平衡を得ることであったとおもわれる。その平衡がどのようなものか、それはもちろん聴く側にも分からない。

着地よりも生成に重きを置くこうした療法において、河合さんがこうじる手だてを二つ、析出することができる。

一つは、そのプロセスに伴走するということである。その場から下りないで、クライエントが紡ぎだす語りにずっとアテンドしつづけることである。河合さん自身の言い方では、カウンセリングというのはクライエントとカウンセラーとが「二人でやり抜く」大きな仕事だということである。ちなみに、アテンドという語には、「仕える、付き添う、随行する、伴走する、世話をする、傾聴する、診療・看護する」といった意味がある。

さてその語りなおしとは、羊水中から大気中へと環境を激変させる胎児のように、ある秩序から別の秩序のうちへとみずからを移動させることであり、かならず前の秩序の瓦解という過程を踏む。つまり再生は、カタストロフィックな過程でもある。その瓦解がカタストローフで終わらないように終始気を配っていること、これが語りにアテンドするということだ。そのためには、手を出したり引いたり、じっと見守るだけでいたりと、気の遠くなるようなやりとりがあり、場合によっては「よい方法ではないが、自分の気持ちとしては致し方がないからする」というふうに、カウンセラーがある意味で違反をしてまでしなければならないこともある。気をつけなければならないのは、心／体、精神／物体、意識／無意識、自己／他者、同一性／差異性といった、それらしき二分法に安易に依拠しないこと、おなじようにまたそれを安易に崩しもしないことである。語りなおしとはたしかに、クライエントのうちにある当のクライエント自身を超えた可能性に賭けるいとなみであるという意味では「自己実現」と言い換えることも可能ではあろうが、河合さんはこういう言い回しでのカウンセリングの目標の過剰な強迫をつとに戒めている。むしろこれとは逆に、悔いや心残り、態度の二律背反や矛盾に、「仕方ない」と、クライエントのみならずみずからの心持ちを緩め、ほぐすよう努めている。というか、クライエントが、そしてカウンセラーが、すかっといったようにおもえるときこそいちばん危ないと、注意をうながしている。

この点がよく現われてくるのは、カウンセリングをどこで終えるかという問題に直面したときである。カウンセリングを引き延ばすな、引っぱりすぎるな、けれども息は長く、と河合さんはいう。反省することで問題が片づいたとおもうな、けれども反省過剰となるな、ともいう。時が満ちるという瞬間をつかまねばとだれしもおもうのだが、それこそいちばんむずかしいことだ。そこで、終わりをこういうふうに探ったらいいとして挙げている対処につぎのようなものがある。「どうもひと山越えたような感じですね」と声をかけるのである。この言葉の含みはつぎのようなものである。「次にあなたがふた山越えるのだったらつづけていこう、ひと山でやめるのだったらやめてよい」[5]。ここで河合さんがとにかく注視しているのは、カウンセラーのほうが勝手に満足して終わらないこと、しかしまた「堂々めぐり」にならないこと、「共倒れ」にならないことである。「これでよし」という見きわめは、カウンセラーのほうから一方的につくものではないからである。

おなじように、ひたすら聴くこと、言葉を受けとめることの大切さを説いても、聴くだけではだめ、あえて聴かないことも大事と念を押す。ときには突き放したり、思いとは逆のことを言ったり、聴いていないふりをしたり、とりあわないでいたり、わざとはぐらかしたり、逸らしたりするということも必要になるというのだろう。いずれにせよ大事なことはしかし、そうした押し引きのなかで、最後までつきあうということだろう。河合さんのいう「温かくて厳しい関係」――「あたたかく突き放し、冷たく抱き寄せる」という言い方もされる(『心理療法対話』[6]解説における中井久夫の証言)――のなかで、辛抱づよくいつか「大きい波」が訪れるまで待つことだろう。いずれにせよ、羅針盤なしの航行ともいうべきカウンセリングのさなかでは、心理療法家は解釈者という名の牽引役になることをみずからに厳しく抑制しなければならず、むしろアテンダントに徹することが必要なのだろう。

「かなし」。唐突なようだが、そんな言葉がここでふと浮かぶ。「かなし」という語は

「かぬ」（かねる）という動詞と語根をおなじくする、つまり「悲し」は「兼《か》なし」でもある、という指摘がある。「かなし」はもともとひとのこころの内なる感情を表わすというよりも、「ひとりのひとでありつつ同時にまた他のひとでもありたいと（空しくも）願う人間のもっとも根本的な志向性」を意味するというのである。(7) ちなみに『岩波古語辞典』(8)でも「かなし」は、「自分の力ではとても及ばないと感じる切なさをいう語」とされている。そういう意味での「かなし」という思いに、カウンセリングのさなかだけでなく、それが終わったあとにも、心理療法家はまとわりつかれているはずである。じぶんに言い聞かせるかのように、河合さんはいう。——「変わるのは大変なことだけど、「一緒にやりましょう」と言う人がいたら変われます、というのが僕の考えです」。

河合さんがこうじるいま一つの手だては、相手がしきりにみずからへと収束させつつ語る物語ではなくて、具体的な物に託し、かつ固有名詞の出てこないような物語を、語りなおしのなかで編んでゆくことである。そのなかではじめて、クライエントの語りは他者にも通じるような表現となりうる。これは、クライエントがそれまでの自己への閉塞した場所とは異なる場所に出るために必要なことである。そしてその場合に、昔話や説話が、「時代をこえて、人間の無意識のはたらきを伝えてきたものとして貴重な資料」ともなる。

これが含意することは、『こころの声を聴く』(3)に収められた多田富雄との対話からうかがうことができる。河合さんはそこで、「どうもインテグレーティングポイントを考えるようなシステムでやらないほうがいい」と言っている。多田が「自己組織化」について語っていること、「そうやって自分で自分をつくり出して、自分で自分を運営して、周囲の条件に反応し、また周囲も変えていくという、そういうシステムを、免疫の研究現場で考えてみますと……」という発言のなかの「システム」を、先の固有名詞の出てこない物語を思い浮かべながら読むと、それに応じる河合さんの「「非自己」と思っていることが、あんがい「自己」かもしれないし、その逆もある」という言葉が深い含蓄を帯びはじめる。

クライエントとの「話し合い」を仕切らないこと。このことから、心理臨床という、それこそ専門的な「臨床」行為が、専門性による制御ではなく、むしろ専門性の棚上げをこそ要求しているという逆説が浮かび上がってくる。心理臨床というものが河合さんの言うように「二人でやり抜く」仕事であるかぎり、ここにおける「専門性」というのは、事態の推移のなかでいつでも「専門性」を捨てる用意があるということである。他者による語りなおしにアテンドすること、いいかえるとみずからをインヴォルヴすることは、ふり返ってじぶんが「乱れて」しまうということを当然ともなわずにいない。その過程でみずからの専門的知識や技能をもいったん棚上げにできるということ、それが、知が、あるいはふるまいが、臨床的であるということの意味ではないかとおもわれる。天田城介が指摘しているように、(9)「知る」は「領る」(＝支配する)に通じている。「知る」(＝他者を理解すること)が「領る」(＝他者を支配すること)へと反転するという落とし穴、それが「専門性」の理念にはある。「臨床」の意味するところは、たんに治療の現場に臨んでいるということではなくて、他者のことを他者のほうから見るということ、そしてそのためにはみずからの専門的知識をさえ手放す用意があるという点にこそある。とすれば、心理療法、あるいは心理臨床というものが、それじたい一つの専門性としての領域を形成するというとき、それはどのような根拠によるのだろうか。

対談においては、相手の言葉に「ほう、ほう」「おもしろいねえ」「難しいね」「すごいねえ。それはすごい」を連発し、駄洒落も途切れることがない河合さんだが、わたしがその対談の席で「事例研究」の意義について問いはじめたとき、「その記述は文学とどこが違うんでしょうか」と問い返された。うまく答えられなくてもたもた空しい言葉を連ねていると、「じつはこれ、谷川俊太郎さんに突きつけられた宿題でしてね」と漏らされた。そして数分間のことだけれど、河合さんがめずらしく言葉を停止された。まるで深く眠るかのようにうつむき、眉間にぐっと皺を寄せて、長い沈黙に入られた。それはまるで石のようで、傍《はた》からは声のかけようもなかった。これに答え切れなかったらこれまでのじぶんの仕事はいったい何だったんだ、とでも言いだしそうな凄みある表情に、あたりの空気が一瞬氷結したかのようだった。固まりかけた空気をほぐすにこやかな名人が、一瞬、戦争の前線でじぶんの穴に立て籠もったかのようだった。（そういう場面がじつはいまいちどあって、それは、話が臨床心理士資格をめぐる医師会や厚生省(当時)との「闘い」に及んだときだった。）

おなじような証言は、先に引いた中井久夫によってもなされている。

河合先生が土居健郎、木村敏といった精神医学のそうそうたる重鎮と囲んだ席にお相伴して食事を共にしたことがある。その時の先生は冗談、地口、語呂あわせを機関銃のように連発されたが、私にそっと「俺にはタイコモチの素質があるな」と漏らされた。その時の眼は笑っていなかった。先生がその席を持たそうとして自己激励をされているのが早くからわかっていたので、いたましい思いさえした。実際、緊張がびんびん伝わってきて、いささかつらいほどであった。(6)

事例研究のことをケース・スタディという。臨床というのはまさにケース・スタディの連続である。普遍的な基礎にかかわるのとは対照的に、そのつど特異な事例にかかわる。その徹底して特異的なものにふれる研究がいかにして学問たりうるか、その問いをこの「臨床心理学者」は、日々臨床にかかわるなかでいちども手放したことがなかったのだろう。あの、一瞬顔に浮かんだ凄みはそのことを物語る。

さまざまな偶然をはらんだそのつどの臨床の場において生まれる経験がいかにして〈学知〉としての普遍性へとつながってゆくのかということ、つまりは「臨床的普遍」――一般的原則の特殊事例への適用ではなく、個々の事例から始まり、それに立脚する普遍性というものがあるとすれば、その普遍性は何を根拠としているかということ――、これをさらにいいかえると、特殊なものはいかに「イグザンプル」(多くの一例)ではなくて、「ケース」(個々に特異な事例)でありうるかという問題である。

ちなみに、「ケース」(case)は、cadere、「落ちる」という意味のラテン語に由来する。「災いが降りかかる」という日本語の表現にもあるように、病や災いにはどこか落ちてくる、降りかかるというイメージが重なる。他方、語源をさぐれば「偶然」もまた「落ちる」という意味を核としている。「偶然」はドイツ語ではZufall、これはfallen(落ちる)という動詞からきているし、英語のincidentもin-cadere(fall on)というラテン語から派生している。そういうさまざまな偶因的契機を孕みつつ生起している事例が、一般原則の一例ではなくて、そこからある未知の普遍を導きだすような特異な意味をもつ事例であるのは、どういう脈絡においてであるか。それがここでも問題なのである。

臨床というものが一筋縄ではいかないことを日々痛感し、臨床心理士をめざすひとたちには「潮時」や「塩梅」、「臨機応変」という言葉でやさしく説き、大学の同僚からは「そんなのが科学か」と責められ、内に向かっては「曖昧なものを、曖昧なものによって説明する」というユングの言葉の意味するところを深めることをみずからに課していた河合さんにしてみれば、この問題は途方もなく重いものだったはずである。ひょっとしたら、「「厳密なる方法」のみによって哲学的思想をつづる時には、かえって多くのことを失う場合がある」という若き日の鶴見俊輔の言葉(10)に、どこかでふれ、勇気づけられていたかもしれない。ともあれ、この問題は河合さんとわたしとの対談でもまるで通奏低音のようにずっと主題となっていたことなので、とくにその問題が顕在化してきた文脈を少しくわしく再現しておきたい。

二〇年近く前のことになるが、わたしは腹部の手術のために入院した。術後数日間はじぶんの身体のことで精一杯だったが、麻酔が切れたあとの痛みもぼちぼち取れてきて、やっとまわりを見る余裕もでてきた頃、ふとあるひとりの新人とおぼしきナースの不審な行動に気づいた。だれもが眠気に襲われる昼食後のひととき、白衣のその女性は、決まってわたしの前の、意識も半分途切れがちの高齢の男性のベッドにやってきて、付添い用の椅子に腰かけ、カーテンをわずかに引き、眠りこけているそのおじいさんの蒲団に覆いかぶさって、ぐたーっと「お昼寝」をするのだった。

はじめはなんて横着なナース、なんてふてぶてしいナースだと、内心イライラするものがあった。ところがどうも様子がおかしい。ナースはぐっすり眠っているのだが、おじいさんがいつもと違うのだ。おじいさんは相当な高齢者で、食事のときも半分眠っているような覚束ないひとだったのだが、ナースが眠りはじめると逆に眼を見開いて廊下のほうをじっと見やるようになった。要するに見張り。この若いナースが眠っているのを見咎められないか、しっかり廊下を監視するようになったのである。そして上司が通りかかると、ナースの背中をぽんと叩いて起こす。おじいさんの面持ちは、ちょっとこっちが照れるくらいに潑剌としてきた。

そのおじいさんは、病室ではそれまで、何から何までナースに「してもらう」生活だった。他人のために何かをするという生活からは、たぶんほど遠い生活だった。それがだれかのためにじぶんにできることを、その覚束ない意識のなかでそれでも見つけた。これは大きなことである。じぶんの存在というものが他人のなかで何のポジティヴな意味ももっていないということを思い知らされるのは、幾つになっても辛いことである。じぶんがいてもいなくてもどっちでもいい存在だということを思い知らされるのは。家庭でも、学校でも、職場でも。このおじいさんは、この子はじぶんがいないとだめになると、朧げな意識のなかで感じたにちがいない。そのことがこのひとの顔をいきいきとさせた。

生きる力というものは、じぶんの存在が他人のなかで意味があると感じるところから生まれる。この若いナースにはそういう想いはなかっただろうが、それでも彼女がそこにいるというただそのことが、意にはなくともおじいさんに力を与えた。たとえ怠慢以外のなにものでもないにしても、彼女がただそこにいるということで、逆に、おじいさんはそこにじぶんがいることの意味を見いだした……。そんなふうにわたしは考えた。

傍らにいるという、ただそれだけのことで起こってしまう出来事があるということである。沈黙が饒舌よりはるかに物を言うことがあるように、何もしないことが献身的な行為よりも多くをなしとげるということがある。何もしないというより、してはいけないことが、結果としてはよりよいことをなしとげるということもある。そしてこれが、ケアという現場の一筋縄ではいかないところだ。

大筋このような話を河合さんにした。とっさに「それはすごい、いい話ですね」と応じてくださった河合さんは、この話がどうケアの現場で活かされるかについて、慎重に対応してくださった。これはたしかに「臨床」から見つけた「知」ではある。けれども、「はい、おじいさんの時には上で昼寝することにしましょう」なんてマニュアル化してしまうと、まったく逆効果になる、と。

それでわたしは、この事例についてのわたしの解釈を述べた。「わたしはこの患者さんにいったい何ができただろうか」と、じぶんをふり返ることはもちろん大事ではある。しかしケアをすぐに何かを「してあげる」ことと考えることには、ちょっとした落とし穴がある。そのことで患者は反対に、いつも何かを「してもらう」ひととしてじぶんを意識せざるをえなくなるからである。そのことで患者の生きようという力を削いでしまう面が、ケアするひとのそういう意識のなかにはある。その意味で、患者に心配をかけることが結果としてケアになるということは往々にしてある……。

そのあとである。河合さんが「臨床の知と普遍性の問題」というのを出してこられたのは。「その話の普遍性をどっちに持っていくかということで、臨床の知は全く意味がなくなるんです」。そう河合さんは述べられた。先のわたしの解釈にみられるように、「われわれは助けるばかりじゃない。われわれが助けられる側に回ることが、すごい意味を持っているんだ」という方向ではたしかに普遍性への途がありうるが、「八〇歳の人が来たら、上で寝るんですな」というマニュアルの方向に持っていったら元も子もない。要は、「どういう普遍的なほうへ話を持っていくか」が問題で、「個別性から普遍性に至る道をちょっと間違えたら失敗する」とおっしゃったのである。普遍性へといたる複数の方向、それはわたしの推論のなかでは未だ形をとっていない視点だった。

では、どの方向に臨床的な普遍性の可能性を向けるべきなのか。それはクライエントの鬱ぎというか宿業を、溶かすとまでは言えないにしても、まずは緩める方向であろう。治療として心理療法はあるのだから。ここでポール・ヴァレリーの屈折し、逆説めいた表現に託していえば、つぎのようになる。——「理論は何《いづ》れもただ一人のための理論なのである。一人の道具なのである。彼のために、彼にあはせて、彼によつて作られた道具なのである。理論を平気で破壊する批評には個人の欲求と傾向とが分かつてゐない。X氏の道具である理論は、X氏には真理であるが、一般的には真理でないと理論自身が宣言しないのが理論の欠点なのである」(11)。こういう事態をすでに見据えておられてのことかもしれない。河合氏の考えている心理療法における普遍性への途は、「理論」の途である前になにより「物語」の途であった。河合さんはいう。「「私」を中心にした体験をもとにする普遍性を追求する方法が物語ではないかというふうに考えてるんです」。科学のではなく、臨床の精密さは、「物語」のなかにこそ求められねばならないと、河合さんは考えていたようである。

ここまできてようやっと、河合さんが折りにふれて対談を楽しんだ理由を斟酌することができるようになる。

カウンセリングも対談もたしかに一対一の語らいではある。が、ここで比喩的にいえば、カウンセリングが、クライエントとともに、あてどもなく暗い海の中へ潜ってゆく作業だとすれば、対談にはどこか水面に出た開放感がある。水面を四方八方から眺め、ああでもないこうでもない、そうかそうも考えられるのか……と語り合える開放感と言ってもいいだろうし、あるいは、おのれが不明になる歓び——これは倒錯とは似て非なるものである――とでも言いうるような知的彷徨を愉しむことと言ってもよい。「あまり先走りした説明もいかんのです」と、面接の現場ではつねに抑制していた解釈を、思う存分拡げる開放感である。

河合さんは、秩序の再構築以上に、「物語」の生成のほうに関心を抱く。そして「物語」のその生成の可能性をあらんかぎり拡げようとして、異分野の「専門家」との語らいを求める。小説や詩、音楽や映画や演劇の実作者のみならず、哲学、人類学、国文学、社会学、生物学、精神医学、免疫学の研究者などとも対談を試みた、というか愉しんだ。この背景には、他の領域でおなじ種類の問題に逢着しているひとに出会い、協働して問題を掘り下げることで、科学そのものを変えてゆこうというおのれの野心に普遍的な意味を確認しようという思いがおそらくは控えているのだろう。これら対談者に、河合さんはおおらかすぎるくらい、無防備すぎるくらいに、みずからが発見しつつある「仮説」という名の「物語」をぶつけている。

とどまるところを知らない駄洒落もまた、そうした愉しみを倍加するのを手伝った。駄洒落とは、会話に隙間をつくる術《すべ》だからである。論理のすきまに虚構を挿し入れ、文脈を一気に飛ばす。対談において河合さんは、こうした術で、ときどき煮詰まりかけた話の筋をはぐらかし、緩める。「まだまだ飛距離が足りないな……」と、「物語」のもっと異なった肌合いを求めておられたのかもしれない。駄洒落はまずは相手の言葉を受け取ることから始まるからである。そしてそれをひょいと別の場所に移動させてみることだからである。

「幸福」についてのエッセイの執筆の依頼を受けると、「わたし、降伏しました」とやんわり断る。文化功労者の表彰を受けると、「ぼく、文化高齢者やから」と照れを隠す。そういえば、河合さんにはもうひとつ、名だたる役職がある。日本ウソツキクラブ会長。その名も「大牟田雄三」(大無駄言うぞう)。河合さんには一歩譲るがおなじく駄洒落連発の仏文学者、多田道太郎さん(これはもちろん本名)の「ただでどうだろう」というのといい勝負だ。『狐狸庵閑話』(こりゃあかんわ)を書いた遠藤周作も、河合さんと気の合う対談相手であった。

くり返せば、嘘と駄洒落、これらは会話に隙間を穿つ。九鬼周造は、《偶然性》について論じるとき、ポール・ヴァレリーの「双子の微笑」という概念を引きながら、音と音のめくばせ、言葉と言葉の行きずりとしての押韻という詩人の技に着目した。それが、「いき」の哲学者らしからぬ駄洒落の遊びにまで尾を引いていた。河合さんは、「魂」にさまざまな災いの降りかかる臨床のなか、さまざまなクライエントとの計算されない出会いのなかで、駄洒落という偶然の手法をもときに駆使しながら、心理療法に取り組んだ。なんのことはない、《偶然性》を論じた九鬼周造も、《事例研究》を旨とした河合隼雄も、ともに「落ちる」(cadere)というところでつながっていたのだ。そしてこれをもってこのたびの拙論の「落ち」とさせていただく。

［文献］

（1）河合隼雄・鷲田清一『臨床とことば――心理学と哲学のあわいに探る臨床の知』阪急コミュニケーションズ、二〇〇三。
（2）小松左京『わたしの大阪』中公文庫、一九九三。
（3）河合隼雄『こころの声を聴く――河合隼雄対話集』新潮社、一九九五。
（4）河合隼雄『とりかへばや、男と女』新潮文庫、一九九四。
（5）河合隼雄『カウンセリングの実際』岩波現代文庫、二〇〇九。
（6）河合隼雄『心理療法対話』岩波書店、二〇〇八。
（7）坂部恵『鏡のなかの日本語――その思考の種々相』筑摩書房、一九八九。
（8）大野晋ほか編『岩波古語辞典　補訂版』岩波書店、一九九〇。
（9）天田城介『〈老い衰えゆくこと〉の社会学』多賀出版、二〇〇三。
（10）鶴見俊輔『アメリカ哲学』講談社学術文庫、一九八六。
（11）ヴァレリイ『文学論』堀口大学訳、第一書房、一九三八。

鷲田清一（わしだ　きよかず）
一九四九年生まれ。京都大学大学院文学研究科哲学専攻博士課程単位取得退学。京都市立芸術

大学理事長・学長。著書に『現象学の視線――分散する理性』(講談社学術文庫)、『メルロ＝ポンティ――可逆性』(講談社)、『「聴く」ことの力――臨床哲学試論』(阪急コミュニケーションズ)、『「待つ」ということ』(角川学芸出版)、『思考のエシックス――反・方法主義論』(ナカニシヤ出版)、『哲学の使い方』(岩波新書)など。

昔話と夜、または数をめぐる冒険

赤坂憲雄

心の比較解剖学は可能か

河合隼雄とはだれか、という問いはあらかじめ幾重にも屈折を強いられている。この人はだれにも似ていない、と思う。しかし、そう呟いてみたところで、なにひとつ始まるわけではない。どこかで、河合自身が書き留めていたように、「しばしば問いはその中に答えを含んでいる」のかもしれない。縋りつくように思いを巡らしてみる。いや、茫漠としすぎている。煙に巻くのが得意な人だった。二枚舌どころか、一〇枚くらいは舌をもっているらしいという噂だって、耳にしたことがある。それにしても、わたしは謂われなき直感ではあるが、河合隼雄の思想はその昔話論から解きほぐされるべきだ、と考えてきた。隠す必要もあるまい。昔話とはなにか、いや、なぜ昔話なのか、という問いの声が頭を離れない。伝説やら神話ではなく、なにゆえに昔話だったのか。

したがって、ここでは、その昔話論の起点におかれた『昔話の深層』(1)にこだわることにしたい。一九七五年から一年間かけて『子どもの館』(福音館書店)に連載され、一九七七年に単行本として刊行された。おもに取りあげられているのはグリム童話であり、河合がユング研究所に留学していたときに師事したフォン・フランツ(Marie-Louise von Franz)の解釈に、大筋ではしたがいながら、それに関連する日本の昔話についての河合の解釈が添えられている。ユング派の昔話にたいするアプローチのあり方を、啓蒙的にあきらかにした著書といってもいい。その数年後には、日本の昔話を本格的に俎上に載せた『昔話と日本人の心』(2)が刊行されている。いわば、『昔話の深層』は河合の昔話論にとっては、おずおずと踏みだされたはじめの一歩だったのである。そこにはたぶん、河合隼雄という思想の原風景の一端が、ユングというヘソの緒を引きずりながら、いくらか無骨に示されている。

さて、『昔話の深層』のなかで、河合はなにを語っていたか。

マックス・リューティ(Max Luthi)の『ヨーロッパの昔話』(3)の以下の一節に、眼を凝らしてみたい。河合はそれを気に入っていたらしい。『昔話の深層』のなかでも引用している。すなわち、リューティは述べている。

昔話は幅ひろく多方面の学問から注目をあびている。すなわち今日では昔話は民俗学、民族学、心理学、文芸学の研究対象である。民俗学は昔話を文化史的・精神史的ドキュメントとして研究し、社会におけるその役割を観察する。心理学はその物語を心的経過の表出と考え、聞き手あるいは読者への影響をたずねる。文芸学は昔話をして昔話たらしめるものを確認しようとつとめる。文芸学は昔話というジャンルの特性と、個々の昔話の特性を把握しようとし、さらに、民俗学とおなじように、いろいろな昔話のタイプの起源と歴史をたずねる。民俗学研究者は根本的には、昔話というひとつの形成体の機能と生物学に興味をもち、心理学研究者はその形成体が人間の心の欲求から生まれてくることに興味をもち、文芸学研究者はその形成体自身と、文学の世界におけるその形成体の位置に興味をもつ。(傍線引用者、以下同じ)

河合が引用しているのは、傍線を附した部分である。昔話とはなにか、という問いは、その研究方法のちがいによって、まるで異なった幾通りもの答えを招き寄せる。そして、河合自身が、昔話とはそうした多面的な研究の対象となるものであり、「それらは相補的な意味をもつにしても、互いに他を排除するものではない」という立場をはっきりと表明していた。とりわけわたしは、昔話にたいして、「文化史的・精神史的ドキュメント」と見なす民俗学／「心的過程の表出」[文献(1)引用ママ]と考える心理学がいかにして、相補的な関係を築きうるのかということに、関心をそそられるが、いまは措く。河合の昔話論の魅力は、あえて心理学の側から民俗学の領域に踏み迷うことを、ときに辞さない果敢さに、いくらかは負っているのかもしれない。たとえば、「猫、その深層世界」(4)という エッセイには、「昔話はものごとの深層に存在するものを把握し、記銘し続けてきた民衆の知恵による記録なのである」といった言葉があり、そこにも民俗学への呼びかけの声がこだましている。

まず、昔話／神話／伝説の異同について――。それらはむろん、「無意識の心的過程の表出」として眺めるときには、物語という共通の核をもってゆるやかに繋がれるが、そこにはおのずと異質な側面も見いだされる。河合によれば、昔話が「特定の場所と時間からの思い切った分離があり、それは内的現実への接近を容易にする」ものであるのにたいして、伝説は「元型的な体験が特定の人物や場所と結びつけて語られるもの」である、という。むろん、こうした解釈そのものは、元型や普遍的無意識といった、ユングに固有の知の仕掛けに根ざしており、かならずしも普遍的なものとはいえない。それでは、神話とはなにか。神話にあっても、素材は「元型的なもの」であるが、そこには「一民族、一国家のアイデンティティの確立に関係するものとして、より意識的、文化的な彫琢が加えられている」という。逆にいえば、昔話はそうした意識的・文化的な統制を受ける度合いが、神話や伝説と比べたときにはすくない、ということである。神話や伝説はしだいに、その特定の場所や国家、文化などとの結びつきを失い、昔話へと変化してゆくこともある。昔話はいわば、「異なった時代や文化の波に洗われて、その中核部分のみを残しているとも言える」のであり、ユングがかつて、「昔話によって、「心の比較解剖学」がもっともよく研究される」と述べたことも頷ける、そう、河合はいう。おそらく、ここに見えている「心の比較解剖学」というユングの言葉が、たいせつな鍵となるはずだ。河合がのちに、「日本人の心」にまつわる比較解剖学の試みとして、日本の昔話や神話の解読へと向かったのは、この言葉の導きであったかもしれない。

ところで、昔話／伝説のあいだに横たわる隔たりの相に、いくらか補足的に触れておきたい気がする。マックス・リューティの『メルヘンへの誘い』(5)には、以下のような一節があって、これまでもイマジネーションをいたく刺戟されてきた。リューティによれば、異常なもの・聖なるもの・彼岸的なものこそが「物語の根本衝動」のひとつだ、という。昔話も伝説もだから、それら異常なものの観念や領域と密接に結ばれているが、そこにはまた思いがけず裂け目が覗けている。

伝説の語り手と伝説に登場する人物の何かに捉えられ呪縛されている姿は、昔話の語り手が異常なもの、不思議なものを報告し、昔話の人物がそれに出会うときの自明性とは区別される。二つのジャンルを互いに近づけるまさしくそのもの、すなわち、不思議なもの、超自然的なもの(現代的な意識においては、超現実的あるいは非現実的なもの)に対する愛好が、二つのジャンルを互いに分けるのである。昔話においては聖なるものに対する感情が欠けており、彼岸の人物は何ら亡霊のごとき様相を帯びていない。魔法と不思議は、あたかもそれが自明なことであるかのように語られ、それらは特殊な重みを失っている(リューティ)。それ故、昔話はかくも軽やかにある状況から他の状況へと進んで行き、一方、伝説はその本質上、唯一の現象に呪縛されている(それは一分肢性へ向かう傾向がある)。伝説は二つの世界、世俗的世界と聖なる世界を、二つの互いに異なる次元のものとして表現する。昔話においては二つの世界の隔たりははるかに小さい。昔話の此岸的人物は彼岸の魔法の存在に驚きもせず、いわんや、強い緊張感に陥ることもなしに出会うことができる。

昔話/伝説を結びつける、まさにその異常なものや不思議なものこそが、そのあいだに鮮やかな分割線をもたらすという逆説は、なんとも魅惑的なものだ。たしかに、昔話のなかでは、魔法や不思議はあまりに当たり前に生起するために、驚きとは無縁であり、聖なるものとの遭遇もまた特別なできごととしては語られない。だが、伝説にとっては、此岸/彼岸、俗なる世界/聖なる世界の分割は決定的なものであり、それゆえに、伝説の主人公たちは秘密に満ちた彼岸へと旅立ちをくりかえすのである。リューティはいう、「伝説は感情に動かされやすく、倫理的、事実的、時間的そして空間的に束縛されており、昔話はより軽やかに自由に展開する」と。そのあとには、ぽつりと投げ出されるように、「昔話はより詩的であり、伝説はより歴史的である」というグリムの言葉が置かれてある。

ここにいたって、なぜ、昔話によって「心の比較解剖学」がもっともよく可能となるのか、それがすこしだけ了解しやすいものとなる。ユングのいう「心」が、倫理的・事実的・時間的また空間的に、さらには歴史的に束縛された意識の領域と、そうした束縛から逃れた、それゆえに詩的でもある無意識の領域とをともに包摂するものであってみれば、この「心」の全体的な「比較解剖学」にとって、対象とすべきは昔話であって、伝説ではない。歴史は因果の連なりであり、その歴史にからめ取られた伝説は、あらゆる因果関係をすり抜けて堆積している無意識の深みには、よく根を降ろしていない。あまりに自明なことである。

河合によれば、昔話はたくさんのパラドクスに満ちている、という。だから、昔話から勧善懲悪的な教訓を読みとろうとする人たちは、ときに昔話がむきだしにする逆説に、戸惑いをあたえられ、裏切られるのである。なにしろ、昔話にあっては、盗みやだまし討ちだって非難されずに、当たり前に称賛されるのだから、たちが悪い。そこには日常の掟や倫理からかけ離れた世界が広がっている。あるいは、「もっとも劣等なものが最高のものにつながるという逆説は、昔話のお得意である」と、河合はいう。しかしこれは、世界中のさまざまな民族に見いだされる、心身に欠損や障害をもった者がときに英雄的な活躍をする神話や伝説を思えば、けっして昔話の専売特許とはいえない。むしろ、昔話においては逆説が逆説でありながら、逆説としての意味合いを失っているところに、特異さが認められるのかもしれない。

さて、以下の一節では、昔話が「無意識の世界へと降りてゆく手段」として発見されている。ユング派の心理療法家としての、昔話へのアプローチの線分がなぞられている。

> 人間の心に意識というものができて以来、それを磨きあげることによって、人類の文明は進歩してきた。しかし構築された意識が無意識の土壌からあまりにも切り離されたものとなるとき、それは生命力を失ったものとなる。われわれは太陽について、雨について、あまりにも多くの知識を得たために、太陽そのもの、雨そのものを体験することができなくなった。［……］われわれにとって必要なことは、意識の世界から無意識の世界へと還り、その間に望ましい関係をつくりあげることではないだろうか。さもなければ、白日の太陽にさらされたみみずのように乾き死んでしまうことになるだろう。ここに、無意識の世界へと降りてゆく手段として、われわれは昔話に頼ろうとしているのである。

意識が無意識から切断され、ひからび、生命力が失われたとき、意識の世界から無意識の世界へと還ること、降りてゆくことがもとめられる。そうして無意識の世界へと降りてゆく手段として、昔話が存在する、と河合はいう。むろん、心理療法家としての立場の表明といっていい。それはまた、別のところでは、昔話の発生をめぐって、「ある個人が何らかの元型的な体験をしたとき、その経験をできるかぎり直接的に伝えようとしてできた話が昔話のはじまりである」とも変奏されている。無意識の領域へと深く、深く降りてゆく心の旅のはてに、人はときに元型的な体験をするが、それを可能なかぎり直接的に伝えようとするところに昔話が発生する、という。元型的な体験とはなにか。

ここで、同じ時期に書かれた論考、「昔話の心理学的研究」(6)に眼を凝らしてみることにしよう。昔話と夢や無意識・元型とのかかわりが、いくらか整理され論じられている。

昔話と夢のかかわりに向けての関心は、とりたてて珍しいものではない。おそらく、それはいたって古くから存在するにちがいない。たとえば、夢の錬金術師たちの秘められた軌跡のなかに。たしかに、夢の世界がまるで昔話のように展開することは、だれもが体験していることではないか。およそ一世紀をさかのぼる一九〇〇年には、フロイトの『夢解釈』が刊行された。河合によれば、たいへん興味深いことには、昔話研究者として有名なフリードリヒ・フォン・デア・ライエン(Friedrich von der Leyen)が、その翌年に、『夢解釈』に言及しながら、「昔話の起源は夢の物語ではないか」という説を述べている、という。そのあたりから、フロイト派によるメルヘン研究が起こったらしい。しかし、そこではもっぱら、夢も昔話も無意識的な、多くは性にまつわる願望充足のプロセスや物語として解釈された。その単調さゆえにか、フロイト派の精神分析のなかでは、昔話の研究はあまり進展することがなかった。それとは対照的に、ユング派の深層心理学が昔話に強い執着を示した。とはいえ、近年は、その差が埋められつつあるともいう。

無意識の世界はフロイトによって発見された。それはあたかも、外なる異界が可視的に失われてゆくのにたいして、そこに生まれる不安や畏れを補償するように、内なる異界として見いだされ、創られたのではなかったか。フロイト以前には、無意識という概念そのものが存在しなかったことを、記憶に留めておく必要がある。人間は心的に、意識／無意識にひき裂かれていなかったし、みずからの心身の内部に、異常なもの・聖なるもの・彼岸的なものを抱え込んでもいなかった。それらはつねに、外部から訪れてくる神や悪魔や精霊たちであり、かれらがもたらす授かり物であり、かれらとの遭遇のための旅こそがあらゆる物語の原動力となった。そして、見いだされた無意識の領域にたいして、フロイトは抑圧や偽装といった否定的な側面からアプローチしたが、ユングは対照的に、そこに「創造の源泉としての肯定的な」側面を認めることによって、まるで異なった方位へと足を踏み出すことになった。河合はいう――、ここに、人間にとっては困難な問いが生じてくる。すなわち、われわれはどこから来てどこへ行くのか、ということである。この問いに対して、合理的な思考や判断のみでは答えを見出すことができない。人間は世界の中に自分を位置づけ、その存在をゆるぎなきものとするための知を必要とする。無意識はそのような知を与えてくれるとユングは考える。夢はそのような知を蔵しているし、昔話も同様である。

無意識はいま、「われわれはどこから来てどこへ行くのか」というもっとも根源的な問いにたいする応答として、あらたな知の可能性をもたらすものへと成りあがる。夢も昔話も、そうしたあらたな知の仕掛けとして再発見されねばならない。先の引用のなかに見えていた、こんな言葉を想起するのもいい。すなわち、「われわれは太陽について、雨について、あまりにも多くの知識を得たために、太陽そのもの、雨そのものを体験することができなくなった」と。だからこそ、あらたな知の仕掛けが必要だ。「太陽について、雨について」の知識に惑わされることなく、「太陽そのもの、雨そのものを体験する」ために。そんな方法があるのか。それはなにか。それこそが、夢や昔話である、と河合はゆったりと応える。たんなるユング派の心理療法家という狭い枠を越えて、河合隼雄という思想が広やかな世間に向けて、すっと差し出された瞬間であった。

あるいは、河合はこう述べている。

ユングは無意識の心的過程の表出と考えられる夢や幻覚、妄想などと神話や昔話などとの間に共通のモチーフが存在することに気づいた。それらを研究することによって、典型的なイメージを見出したが、そのイメージ群の基として、人間の無意識内に潜在する元型(Archetyp, archetype)の存在を仮定するようになった。つまり、元型そのものは無意識内に存在するものとして、あくまで仮説的なものであるが、それが人間の意識内に顕現したものが元型的表象であると考えるのである。このような観点からすれば、昔話は元型的な表象に満ちており、それらを明確にしつつ、元型の持つ意味を明らかにすることが、ユング派の昔話研究の目的なのである。

起点に配されるのは、あくまでユングである。ユングこそが、無意識の心的過程の表出としての夢や幻覚・妄想などと、神話や昔話とのあいだに、共通のモチーフが存在することに気づいたのである。そして、無意識内にひそんでいる元型、元型的な体験、それが意識内にあらわれた元型的な表象。昔話は元型的な体験から汲み出され、元型的表象に満ちているがゆえに、そうした元型のもつ意味をあきらかにすることが、ユング派の昔話研究の主たる目的となる。河合の昔話論そのものはやがて、より広やかな地平へと思いがけぬ展開をしてゆくが、出発点はたしかにここにある。

それにしても、なんともいかがわしく幻惑的な試みであったことか。夢や昔話をあらたな知の仕掛けとして提示するのだ、という。河合はそのとき、独り、ほくそ笑み、ひそかに身震いしていたにちがいない。世間はいったい、それを許すだろうか。それが知のパラダイム転換をもとめる孤独な戦いであったことを否定するわけにはいかない。

数をめぐる冒険へ

河合隼雄という思想にとって、二元論的な思考との戦いはまぎれもなく、もっとも核心的なテーマのひとつであった。いかにして二元論的な思考の呪縛をほどき、根底からの揺らぎをあたえ、あらたな知の組み換えへと道を開くか。二元論的な思考に徹底して寄り添うように見せかけながら、ある瞬間には、それをけっして軽やかにではなく、かすかな余韻のように哄笑を残しとどめて、すり抜けてゆく。そんな綱渡りにも、離れ業にも感じられる戦いが、『昔話の深層』のなかでは、たとえば数のシンボリズムをめぐって、通奏低音のように反復されている気がする。

心の相補性について、河合はこう述べている。すなわち、ユングによれば、人間の心には相補性の原理が働いており、それは相反するものがたがいに補いあってひとつの全体性をつくりあげる傾向として、人間の心のなかには存在する、という。それはしかも、二人の人間のあいだよりも、まずひとりの人間の心のなかに働いており、意識的な態度が一面的になるとき、それを補うような傾向が無意識内に形成されるのである。「1」はすでに・つねに「2」を孕んでおり、この「2」は相反し／補いあうことで「1」という全体性を構築している。ここでは「1」／「2」が表裏をなし、心における相補性の原理として働いているのである。それがもっとも劇的に現われるのが、いわゆる二重人格の現象であるが、人間の心はそうした異常な現象を呈してまで、その全体性を回復しようとする傾向をもつのだ、と河合はいう。いくらか了解がむずかしい。

　影という現象もまた、「1」／「2」の相補的な関係の表出である。ユングによれば、ある個人の自我が否定し、受け容れがたいとする傾向のすべてが、その人の影であり、すべての人はそれ自身の影を、その人の黒い反面としてもつ、という。そして、影には個人的な影／普遍的な影があって、この普遍的な影はだれしもが受け容れがたい悪と同義と見なされ、昔話では悪魔などの姿をもって表象される。しかも、影はかならずしも悪とはかぎらず、「厄介なものではあるが、それなくしては人間味の乏しいものになってしまう」、そう、河合は述べている。

　ところで、『昔話の深層』のなかには、いくらか唐突に、『荘子』(7)からの引用が二カ所ほど見いだされる。なぜ、とりわけ『荘子』だったのか。いま、その背景をただちに突き止めることはできないが、いかにも河合にはふさわしい気もする。ひとつは、人間世《じんかんせい》篇の「無用の用」であり、いまひとつは、斉物論《せいぶつろん》篇の「罔両《もうりょう》と影」である。ここでは「罔両と影」に眼を凝らしてみたい。罔両とは影の外縁にできるうすい半影を指しているが、影はその罔両によって、主人が動くがままに動くからといって非難される。影はそれにたいして、主人にしたところで、はたして自分の意志で動いているのかどうかは知れぬ、と答える。そして、河合は触れていないが、影を非難する罔両自身が、そもそも影にしたがって動く半影にすぎなかったことに、注意を促しておきたい。すなわち、主人／影／罔両をめぐる三つ巴の応酬は、影という、本来は「2」にまつわる問題がそのままに「1」にも、また「3」にも繋がっていることを示唆している。

じつは、河合はまさに、この「1」／「2」／「3」が共鳴しあうシンボリズムについて、たいへん根源的《ラディカル》な考察を、やはりユングを導きとしておこなっていたのである。

> 二の象徴性について、ユングは中世の哲学者の考えを援用しながら、人間にとっての最初の数というものは、一ではなくてむしろ二ではないかと述べている。つまり、一が一であるかぎりわれわれは「数」ということを意識するはずがなく、何らかの意味で最初の全体的なものに分割が生じ、そこに対立、あるいは並置されている「二」の意識が生じてこそ、「一」の概念も生じてくると考えられる。二はこのように分割、対立を仮定するものであり、葛藤と結びつきやすい。このような意味で、

二は影の問題と関係の深い数である。定立するもの、反定立するもの、このダイナミズムから新しいものが創造される。このために、次に生じる三という数が高い意味をもつことは、前章に述べた。

いまだヘソの緒を引きずっている。どこからが河合の独創と見なしうるのかもわからない。それにしても、ここに示された数のシンボリズムの、なんと豊饒であることか。ユング／河合によれば、人間にとっての始源《はじまり》の数は「1」ではなく、むしろ「2」ではないか、という。いわば、すでにそこには、境もはても知らずに、たとえば霧に覆われた沼地か沙漠のようにのっぺりと広がっている世界がある。そこに存在している全体性は、名づけがたきものであり、すくなくとも「1」と名指すことはできない。いまだ「1」は非在のまどろみのなかにある。そこに裂け目が走り、「2」という認識のかたちが誕生する。そのときほとんど同時に、「1」という概念もまた生成を遂げているにちがいない。ひき裂かれた「2」のかたわらに、「1」という名の愛と結合への夢がようやくにして姿を現わす。それゆえ、当然とはいえ、「2」という数は対立・分割・葛藤といったものと無縁ではありえず、影の問題とも深いかかわりをもつことになる。

あるいは、定立するもの／反定立するもの、このダイナミズムから新しいものが創造的に生まれる、という。まさしく、正／反／合の弁証法のテーマである。しかし、河合は微妙にして、決然と、弁証法の作法に身を委ねることを拒絶する。わたしはあえて、そう断言しておく。それは拒絶であった。だからこそ、「2」と「1」とがもつれ合いながら生成を遂げたあとに、「3」という数がひっそりと訪れてくる。「3」の象徴性にまなざしを向けねばならない。

グリム童話の題目を一覧すると、そのなかに三という数が圧倒的に多いことが認められる。この象徴的意味については、正反合の図式に基づいて、対立するものの統合ということが先ず考えられ、キリスト教の三位一体の象徴と結びついて、ますます精神的な統一を表わすことが強調された。これに対して、ユングは夢内容の分析を通じて、無意識から産出される象徴としては、むしろ四が完全統一を示すことが多く、三はそれに到る前の力動的な状態を反映していると主張した。

ここでも、ユング／河合は「2」にして「1」であり、「1」にして「2」である。渾然一体として分かちがたい。「3」の象徴的な意味合いについては、弁証法にもとづく正反合の図式から、対立するものの統合という解釈が語られてきた。そこに、キリスト教の三位一体の宗教的シンボリズムが重ねあわされるときには、いよいよ精神的な統一といった解釈が前面に出てくるはずだ。キリスト教と弁証法、これほど手ごわく頑なな西欧の知的な伝統もないだろう。ところが、ユング／河合はあっさりと背を向けるのである。ユングによれば、夢の分析からは、無意識の領域から産み落とされる象徴としては、「3」ではなく「4」こそが完全なる統一を表わすことが多く、「3」は統一にいたる前段の「力動的な状態」を反映している、という。河合はそれを受けて、昔話のなかの「3」という数が示す象徴性が、まさにユングの夢分析と呼応しあっていることを確認する。たとえば、「三年寝太郎」における三年という歳月は、主人公が女性をもとめて活動する前の猶予の状態を示唆していた、というように。

あらためて、河合が二元論的な思考にたいして揺らぎをあたえる場面に、眼を凝らしてみたい。とりわけ、「2」が破れて「3」が姿を現わす瞬間に、わたしは関心を覚えている。たとえば、母なるもの／父なるもの、女性原理／男性原理といった二元論的な図式をめぐって、河合はなにを語っていたか。そこに、もっとも鮮やかに二元論が露出する。

それ[――母なるもの]はすべてを包みこみ、養い育てる機能をもっている。これに対して、父なるものは、切断の機能をもつ。それは母なるものが一体化するはたらきをもつのに対して、物事を分割し、分離する。善と悪、光と闇、親と子、などに世界を分化し、そこに秩序をもたらす。彼はそのような秩序と規範性の遂行者としての権威をもち、子どもたちが規範を守ることができるように訓練をほどこすのである。母なるものの、すべてのものを区別することなく包みこむ機能と、父なるものの善悪などを区別する機能との間に適切なバランスが保たれてこそ、人間の生活が円滑に行われる。

河合によれば、母なるものが物事の区別を越えて一体化する機能をもつのにたいして、父なるものは世界に善／悪、光／闇、親／子といった分割をもたらし、秩序をあたえる機能をもつという。いわば、「1」を抱いた母なるもの／「2」を志向する父なるもの、という対比が浮き彫りになるだろうか。しかも、母なるもの／父なるもののあいだに適切なバランスが保たれることが、人間生活が円滑におこなわれる条件である、ともいう。ここでは、「1」／「2」が不可分にして一体であることが理想の状態であり、「3」への展開はなにか結ぼれが解消されるプロセスとなるわけではない。河合はこう述べていた、すなわち、「おそらく理想としては、この両立し難い原理が一人の人格のなかに統合的に存在することであろう」と。「2」が「1」に抱かれ、統合されてあることだ。

あるいは、母なるもの／父なるものはともに、それぞれに肯定／否定の両面性を有している。それらはつねに、それぞれに「2」を宿しながら「1」である、ということだ。たとえば、父なるものは秩序を保つ働きをもつが、それが例外を許さぬまでに過酷になるときには、命あるものを切り棄てる否定性として猛威をふるうことだろう。母なるものにもまた、生／死にひき裂かれた両面性があって、それはさらに劇的にみずからを演じてみせるはずだ。そこには、命を生み育てる肯定的な側面／すべてを呑みこんで死にいたらしめる否定的な側面が、表裏一体のものとして見え隠れしている。

母性の肯定的な面が宗教的崇拝の対象となり、それが、いわば公的なものとして固定化されるとき、人びとは母性の否定的側面について忘れがちになったり、それを公的には語れなくなってくる。たとえば、母親のやさしさ、母親への孝養などが公認の倫理として設定されると、母性の否定的側面という現実は、そのなかに入れこむことが難しくなる。かくて、昔話はそのようにして棄てられた現実を、拾いあげ保存してゆく機能をもつことになる。それは公的な倫理を補償する民衆の知恵として意味をもつのである。

こうした公的な場面において、母なるものの肯定的な側面が宗教的に祀りあげられたり、公認のモラルとして押し出されるとき、その否定的な側面は抑圧され、隠蔽される。それは個のレヴェルにあっても変わらない。あらゆる母親がひとりの例外もなしに、命をはぐくむ肯定的な側面／呑みこんで死にいたらしめる否定的な側面を抱え込んでいる。

だからこそ、昔話のなかでは、しばしば継母が母なるものの否定的な側面を一身に背負わされて登場してくるのである。継母にみずからの否定性のいっさいを転嫁することで、はじめて母親たちはだれしも、命をはぐくむやさしい母性をひたすら肯定的に演じることができる。継母こそが悲惨である。しかし、こうして棄て去られた現実を加工のうえで保存することは、昔話のたいせつな機能のひとつであった。昔話はいわば、いたずらに公的な倫理に身を委ねるのではなく、その呪縛をすこしだけほどき、補償するための民衆の知恵のうつわという顔をもっているのである。

そのほかの数、たとえば「12」／「13」という数についても、河合は興味深い解釈を提示している。いわゆる「いばら姫」のメルヘンのなかでは、姫のお祝いの宴に招かれた仙女は一二人(グリム)、七人(ペロー)、三人(一四世紀のフランスの類話)であり、招かれなかった仙女が一人いた。

［……］仙女の数は類話によってさまざまであるが、グリムによる一三という数は示唆的であると、私には感じられる。一二という数は天道の一二宮などに表わされるように、完全数としての意味が強い。一二として完全なもの、それに対して異質的な一が加わることによってこそ、真の完成が得られるのではないか。一二の善意に対して、ひとつの悪が加わってこそ、ひとつの完成された像ができあがると考えら

れるのである。実際、この一三番目の因子の侵入によってこそ、この「いばら姫」の物語は進行し完結するのであり、悪が話のプロモーターとなっているのである。

「12」という数は、天道の一二宮や、干支の一二の動物たちを思い浮かべるだけでも、完全数としての意味を強く有することが了解される。その完全数としての「12」にたいして、異質性を帯びた「1」を附加してやることによって、ひとつの完成された像が獲得される、そう、河合は指摘している。「12」の善と「1」の悪とが混ぜ合わされて、「13」という完成にいたる。メルヘンや昔話においては、一三番目の因子としての悪の侵入こそが、物語を展開させ、完結へと導いてゆく牽引役となっている、という。あの一三番目の仙女については、「キリスト教文化における忘れられた母なる女神」という一面を表わすという解釈も示されており、関心を惹かれる。

このほかにも、『昔話の深層』には、いたるところに数をめぐって、なぞかけや冒険が仕掛けられている。こんなブルターニュの昔話があった。――「家を出たとき、私たちは四つでした。四つのうち二つが死にました。その二つから四つが死にました。その四つから八つを作りました。その八つから十六が死にました。今はまた四つになって私たちはあなたのところへ着きました」と。さすがに、なぞ解き姫もこの数字まみれのなぞは解けなかったらしい。小川洋子の『博士の愛した数式』など思い起こして、笑いがこぼれる。あるいは、アニマ・アニムスについて論じたあとで、ふっと呟きのように書き付けられた一節を見てほしい。――「男女の関係は、影のみならずそれぞれのアニマ・アニムスが加わるとき、六人の男女の組み合わせとなる。会話をしながらいったい誰と誰とが話し合っているのかをはっきりと見極めていないと、それはまったく混乱したものとなる」と。これでは、うかうか女性との会話を楽しむこともできない、そんな不安に駆られるのはわたしだけだろうか。眼の前にいる生身の女性、その背後にひかえる影、そして、無意識のなかに沈められたアニムス、ここでも「1」はただちに「2」であり、「3」であった。

こんな一節もあった――。

王の命令によって乞食と結婚させられた姫は、住みなれた家を出てゆくことになる。こうして、アニムスを知って女性の苦難の旅がはじまる。このような転落はアニムスに取りつかれた女性がしばしば味わうものである。アニムスの思考は極端から極端に走る。それはall or nothingの愛好者であり、その論理には中間項がない。王か乞食かの二者択一なのである。

中間項をもたず、あいまいさを許容しない、アニムスに憑かれた頑なな二元論的思考には、隙間というものがなく、救いがない。王か乞食か、という二者択一を越えて、それゆえに、「2」という数の呪縛をほどきながら、「1」への湿った回帰でもなく、「3」へのいたずらな拡散でもなく、もうひとつの辿るべき道筋はあるか、と問いかけてみることだ。それこそが、『昔話の深層』の秘め隠された主題であったのかもしれない。数字をめぐる冒険は尽きない。それはたぶん、昔話と、河合隼雄の語られることなき、影の風景のひと齣である。

夜がひらかれるとき

河合隼雄にとって、どこか宿命にも似て、ユングというヘソの緒からいかにして離脱するか、というテーマは避けがたいものであったにちがいない。『昔話の深層』ではいまだ、それと自覚されることもなく、このヘソの緒をぶら下げた戦いが当たり前に演じられている。しかし、いつまでもそれを続けるわけにはいかない。そこは西欧からははるかに遠く、ユーラシアのはての、弧状なす島々から成る日本である。この日本という文脈の異なった社会において、方法やまなざしを磨き、鍛え抜いてゆかねばならない。飢えにもひとしい欲望が静かに渦巻いている。『昔話の深層』には、グリム童話にそそのかされたように、日本の昔話の群れが招き寄せられ、そこには、どこか嬉しそうに解釈の鉈をふるう河合の姿が見え隠れしている。

たとえば、物語の主人公をめぐって。のろまな男の成功譚は、グリム童話／日本の昔話のどちらにも見られるが、興味深いことには、その男はグリム童話では末子であるのにたいして、日本の昔話では長男であることが多い。ここで、河合は「総領の甚六」という言葉に注意を促している。それはお人好しの跡取り息子を指しているが、むろん、長男を罵っていう言葉であった。しかし、そのあきらかな意味は把握しがたい、という。あるいは、グリム童話の「黄金の鳥」では、最後に、王子を助けてきた狐は打ち殺されることによって人間へと変化したが、日本の昔話では、「花咲爺」の犬や「ものいう亀」などのように、人間を助けた動物が植物に姿を変えてしまう。ここに日本的な特徴を探りもとめながら、「わが国においては、自己のイメージは人格化されるよりも「自然」に投影されることが多いことを示しているものであろうか」という。

さらに、結婚というテーマをめぐって、こんな一節が見える。

わが国のかぐや姫などは、残酷さということを表面に感じさせないが、すべての求婚者に不可能な難題を与え不幸におとしいれて、自分は結婚することなく月の世界に帰ってゆくのだから、真にクールなアニマ像といわねばならない。西洋の「高慢な」姫たちが一時的には残酷さを発揮しながらヒーローに対しては従順に結婚してゆくのと好対照をなしている。日本人の心の中のかぐや姫像は非常に強烈であり、異性との結合の否定という犠牲の上に立って、「あはれ」の感情を洗練させてゆこうとする態度は、日本人の美意識を支えるひとつの柱となってきたと思われる。

かぐや姫コンプレックスといった言葉が頭に浮かんだが、だれかの造語であったか、幻であったか。異性との結合を拒みとおした末に、異界へと還ってゆくかぐや姫が、なにゆえに「あはれ」という情緒を呼び覚ますのか。それはほんとうに、日本人の美意識を支える柱のひとつなのか。いずれであれ、河合がほかのところで指摘しているように、グリム童話と比較すると、日本の昔話ではあきらかに、結婚というハッピー・エンドによって物語の幕が閉じられることはすくない。それをどのように解釈するか。とりあえずの河合の答えは以下のようなものだ。日本においては、自我／自己の関係は、人間と自然との関係と同じように、「対立することなく共存するもの」としてあり、「あいまいななかに存在する統合感のようなものによって保たれている」。したがって、男と女の結婚が、対立物の合一という象徴的意味合いをもって評価されることがすくないのではないか、という。むろん、これをさらに深く解き明かすためには、古来からの日本人の結婚観や、性や愛のあり方についても考察しなければならない。昔話のなかの結婚というテーマについては、「昔話の心理学的研究」をはじめとして、河合が継続的に追究するべきテーマへと膨らんでいった。人間と動物との交渉・結婚を物語りする異類婚姻譚こそが、その焦点のひとつと化してゆくことだろう。

それにしても、「昔話の心理学的研究」という論考は、『昔話の深層』を受けて、昔話をめぐる思索と探究が一定の深まりを見せたものとして記憶される。河合はそこで述べている、すなわち、日本の昔話の考察において、日本という特殊性をつねに考慮にいれながら、深層心理学の知見を利用してゆくことになるが、それはきわめて困難なことである、と。その心性において、もし西洋/日本のあいだに異質性が認められるならば、フロイトやユングら西洋の学者によって始められた深層心理学を、そのままに日本の文脈に適用することには、留保が必要となるのかもしれない。昔話/伝説のちがいについても再考がもとめられる。外国の学者たちの多くが、日本の昔話は伝説に近いということを指摘している。西洋人の場合には、意識にとって、無意識の世界は「おとぎの国」としてあきらかに区別されるべきものだ。それにたいして、日本では現実/非現実、意識/無意識がときに交錯するから、「おとぎの国」はたやすく「この世」と結合して、昔話はいつしか伝説の領域へと踏み迷うことになるのだ、という。

さて、『昔話の深層』という著書は、ついには結末にいたって、姫か蟇《ひきがえる》か、という究極の問いへとわたしたちを誘ってゆく。

このようなフロイトの分析が意味深いものであることは認めるにしても、それを単純に適用して、「結局は……に過ぎない」と断定してしまうことの不毛さをユングは指摘する。美しい姫を結局は蟇に過ぎないと考えるのではなく、姫がいかに美しくあろうとも、それは蟇でもあり得るし、蟇がいかに醜くてもそれは姫に変身し得る可能性をもったものとして、全体としてそれを見ることが必要なのである。問題を姫か蟇かという形態で把えること自体がまちがっているのであり、真実は簡単に計り知ることのできない第三の道として存在している。

姫か蟇か、という問いそれ自体を拒否しなければならない。まさしく二元論の罠である。姫はどれほど美しくとも蟇であり得るし、蟇はいかに醜くとも姫に変身できるかもしれない存在である。姫がいて／蟇がいる、という生々しい現実としての「2」を、それらが相互に抱きあい、入れ替わるメタモルフォーゼの「1」への可能性において眺めること。姫か蟇か、という「2」から「1」を選択する道を強いるのではなく、それらの中間にこそ存在しているかもしれぬ、「第三の道」を辿らなければならない。

われわれは心理療法家として、しばしば二者択一の問題について相談を受けることが多い。しかも、多くの場合そのいずれもが一長一短でどちらがいいと断定し難い場合が多い。そのときに早まって片方に決めてしまうことなく、両者の葛藤の中に身をおいて正面から取り組んでゆくと、その人なりの第三の道がひらけてくるものである。ここで「その人なりの」という表現をしたとき、これはまさに「人となり」という言葉につながるものである。つまり、両者の葛藤にもまれることにより、そこには他人の真似ることのできないその人の個性ができあがってゆくのである。あれかこれかという断定は既存の何らかの価値判断に従うかぎり決められるものである。しかし、第三の道はその人個人の個性を必要とし、既存のものに頼らない創造的行為となる。このような意味で、ユングは自己実現の道を個性化(Individuation)の過程として把えている。

心理療法の現場においてこそ、姫か蟇か、というグロテスクな二者択一がありふれた日常の現実であるにちがいない。ここにも「第三の道」が姿を覗かせる。この書が最終の章にいたって、にわかに二度、三度と「第三の道」について語りはじめたのは、あきらかに偶然ではない。二元論的な思考、あるいは弁証法という知の作法にたいして、河合は臨床の現場から、その限界を、また無効を宣告しているのである。しかも、『昔話の深層』はその結びの一文にいたって、ユングというヘソの緒の切断を敢行しているかに見える。それはこの国においても、そのままに当てはまるのか、という深刻な懐疑が表明されたあとで、河合は述べている、「われわれとしては、そのような点にも目をすえて、古来からの西洋と日本という対比の中に、第三の道を発見するように努めることが、とりもなおさず現代に生きるわれわれ個々人の個性化の過程と重なってくるのであろう」と。

それにしても、当然とはいえ、ユングにたいする深々とした敬愛には変わりがない。こんな一節があった。

ユングは夢の中で地下の世界へ深く進めば進むほど、その光景が暗く異様なものとなることを経験し、その最後には原始文化の遺物を発見する。彼はこの夢を見た当時は明確にその意味を解しかねたが、後になって、われわれ人間の無意識の深層には意識のほとんど到達し得ない原初的な世界が存在することを示すものと考えるのである。今世紀の初めにおいて、交通機関の急激な発達とともに、人々が世界を横へ横へと拡張しようと努めているときに、足下の暗い世界へと興味を向けていたユングは、まさに「でくのぼう」の姿そのものではなかったかと思われる。

この「でくのぼう」はまた、河合隼雄自身の似姿でもあったはずだ。そして、ユングとともに、水平の移動には背を向けて、足下に広がっている暗い地下の領域、原初的な世界、無意識の深層への垂直の旅人となった河合には、「夜の思想家」という称号がふさわしく感じられる。ここで、昔話のなかに登場する鼠たちに眼を転じてみるのもいい。鼠はたしかに、河合が好んで物語りした生き物のひとつでもある。この鼠がまさに、地下の世界に棲んでいると信じられてきた。「鼠の浄土」である。それでは、なぜ、この国では、「昼むかしを語ると鼠が笑う」といって、昼の明るいうちに昔話を語ることをきつく戒めたのか。この禁忌が鼠とまっすぐに繋がれていることは、きっと偶然ではあるまい(8)。鼠のフォークロアが河合隼雄に結ばれている。なんとも愉快だ。さらに、『昔話と日本人の心』へと見えない橋を架け渡さなければならない。

［文献］
（1）河合隼雄「昔話の深層」『河合隼雄著作集5　昔話の世界』岩波書店、一九九四。初出は福音館書店、一九七七。
（2）河合隼雄『昔話と日本人の心』岩波書店、一九八二。（岩波現代文庫、二〇一七）
（3）マックス・リュティ（小沢俊夫訳）『ヨーロッパの昔話――その形式と本質』岩崎美術社、一九六九。
（4）河合隼雄「猫、その深層世界――昔話のなかの猫」『河合隼雄著作集5　昔話の世界』岩波書店、一九九四。初出は『國文學』二七巻一二号、學燈社、一九八二。
（5）マックス・リューティ（高木昌史訳）『メルヘンへの誘い』法政大学出版局、一九九七。
（6）河合隼雄「昔話の心理学的研究」『河合隼雄著作集5　昔話の世界』岩波書店、一九九四。

初出は『日本昔話大成』第一二巻、角川書店、一九七九。
（7）小川環樹編『老子 荘子』（世界の名著 第四巻）中央公論社、一九六八。
（8）野村純一『昔話の旅 語りの旅』アーツアンドクラフツ、二〇〇八。

赤坂憲雄（あかさか のりお）
一九五三年生まれ。東京大学文学部卒業。学習院大学教授。著書に『異人論序説』（ちくま学芸文庫）、『柳田国男の発生』（小学館）、『東北学／忘れられた東北』（講談社学術文庫）、『岡本太郎の見た日本』、『性食考』（岩波書店）、『東北知の鉱脈』（荒蝦夷）など。

中空と鬼っ子――河合隼雄の臨床の思想

河合俊雄

1　はじめに――ユングと河合隼雄

本書は、『思想家　河合隼雄』と銘打っている。既に序論でも問題提起をしたけれども、はたして河合隼雄は思想家と言えるのであろうか。もちろん河合隼雄は心理学者であって、いわゆる西洋的な哲学というのを前提とした思想を構築しなかったことは明らかであろう。つまり、確かに日本文化や人間存在の根本に関して多くの著作を残したけれども、それはあくまでもユング心理学を適用した分析にすぎないとみなされるかもしれない。またその文体は非常に平易で読みやすく、高校生程度の学力で読めると自ら述べているくらいである。(1) そのようにシンプルに書かれ、またわかりやすい著書を、思想というような深さと複雑さを持ったものとして見ることができるか、大いに疑問が抱かれよう。しかし本書は、思想家という観点から河合隼雄を見ていくことで、わかりやすく書かれ、心理学という枠を超えていった仕事について、単に横への広がりとしてではなくて、その底流にある思想の深みを捉えようという試みであり、本稿もそれに沿って論を進めていくことになる。

河合隼雄は心理療法家であり、その立場はユング心理学であった。従って、いくら河合隼雄の独自性があるからと言っても、河合隼雄の思想を検討するには、ユングのことにふれざるをえないであろう。カール・グスタフ・ユング(一八七五〜一九六一)は、スイスの精神科医・深層心理学者で、フロイトの精神分析から分かれて、個人を超えた無意識を強調する独自の理論を作り上げたとされている。このユングも思想家と呼べるかどうかはむずかしいものがあり、また思想史の中に位置づけにくい。同じ深層心理学の系譜に属するフロイトに関しては、デリダ、レヴィ＝ストロースをはじめとして、現代思想の中で取り上げる人は多いが、ユングは皆無である。それには、概念が非常にあいまいで、矛盾だらけで、クリアな理解を許さないユングのスタイルが関係していると思われる。ユングはまた夢、イメージ、錬金術など、自分の扱っている素材に没入してしまう傾向がある。そうした書き方になってしまうのも、クライエントからもたらされる材料に向き合うユングの臨床の姿勢が文体にも反映されているためと思われる。さらにはユング自身も述べているように、魂のリアリティーに沿っていこうという姿勢がそのようなスタイルにならざるをえないところがあると考えられる。(2) そうするとやはり臨床の経験なくしては、ユングの思想は理解しがたいと言いたくなってしまう。河合隼雄も、処女作『ユング心理学入門』のはしがきで、ユング心理学に関して「筆者も実のところ、彼の著書はまったく難解で、分析の経験をもたなかったときは、わからぬところばかりといった印象をもったものである」(3)と告白しているくらいである。

そして『現代思想の冒険者たち』シリーズの各巻に、様々な思想家の関係を示すものとして挿入されている「現代思想系統図」(4)においても、ユングは他の思想家たちからポツンと離れて位置づけられている。ユングは性を中心としたフロイトの無意識の捉え方から訣別することで、独自の心理学を打ち立てたように一般には言われてきている。しかしシャムダサーニ(Sonu Shamdasani)などによると、ユング心理学はフロイトから派生したものとしては捉えきれない独自性をもっており(5)、その位置づけの検討の仕事というのも、はじまったばかりであると思われる。またユングに暗黙のうちに含まれていながら、自らは貫徹しえなかった思想を、ヘーゲル哲学の弁証法の論理を持ち込むことで捉えようというギーゲリッヒ(Wolfgang Giegerich)の試みも非常に例外的なことにとどまっている(6)。前期のユングの思想が、自我と無意識をそれぞれ実体化して、その関係を描いていったのに対して、後期では結合ということ自体を問題にし、それを「結合と分離の結合」という表現に見られるように、結合と分離の間の矛盾をはらんだ、動きのあるものとして捉えていったとするギーゲリッヒの視点は注目すべきだと思われる(7)。その意味でユングの思想のライトモチーフは結合であると言えよう。

このように見ていくと、河合隼雄を思想家として捉えることのむずかしさは、ユングと共通しているところも多い。ユングと同じように、河合隼雄は従来の思想のスタイルをはみ出しているという問題がある。ユングの難解さとは異なるけれども、従来の思想を綴ってきたのとは異なる平易な文体にどのような思想がこめられているかが問われる。それには逆に、スタイルの分析を欠くことができないと考えられる。またユングと同じように、河合隼雄も位置づけることがむずかしい。「誰にも似ていない思想家」とさえ呼ばれている。(8) そしてユングの結合に対して、河合隼雄のライトモチーフは何であろうか。このような問題を意識しながら、河合隼雄の思想を考えてみたい。

2　臨床としての思想

ユングの思想が、臨床や分析の体験なしにはわかりにくいと述べたように、思想家河合隼雄のむずかしさは、臨床家であることによるし、逆にそれが思想の中核をなしているとも言えるのではないか。それは思想内容というより、臨床家という芸、わざのようなものである。それはある種の構えや存在のあり方であって、形になりにくく、それどころか形にはならないものである。だから分析や心理療法を受けたものでないとわからないということになり、ある種の秘伝のようになりがちなのである。

秘伝や芸というと、能などのことが連想されるかもしれない。しかし能が、いくら形にならないと言っても、師匠の舞のような、一つの模範や形を伝えることができるのに対して、心理療法の場合はそうはいかない。つまり心理療法家というのはあくまで背景に退いていて、クライエントが主役だからである。同じ芸と言っても、全く形にならないもので、形をなすのはあくまでもクライエントという相手によるのである。だからいわゆる教育分析によって、人から人に伝わっているはずなのに、受ける人によってその内容は非常に異なってくる。それは本書の姉妹編とも言える『臨床家 河合隼雄』を読んでいただければ如実に感じられると思う。

また心理療法というと、クライエントとセラピストとの間の二者関係的な相互作用や対話的なものがよく連想される。クライエントが主役になるとすると、セラピストの立ち位置とは、劇で言えばそれに対する相手役や脇役という考え方もできるかもしれない。そのことから、二人の関係性に重点を置いた臨床の理論や思想も可能かもしれない。たとえば転移・逆転移を強調する精神分析はそれを精緻に追求しているところがある。ラカンはそれをさらに哲学的なところまで高めたと言えよう。しかし河合隼雄の理想としたセラピストのあり方は、何度も自身で述べているように[9]、自分が劇の登場人物や相手になるのではなくて、いわば劇の舞台になることである。自分は全く背景に退いているのである。

このように形にならず背景にあるもので、それが流動的に変化するものを生み出すという事態は、表現することが非常にむずかしい。だから河合隼雄が心理療法というものを、一番正面きって論じたのは、京都大学を定年退職するときに著した『心理療法序説』であると思われるけれども、正直なところそれは他の著作に比べると、あまり成功しているとは思えない。第一章で心理療法の目的や定義を述べているけれども、通り一遍のものを超えているとは言い難い[10]。それは臨床の思想を直接ことばで表現することの困難さを示していると思われる。それでは、臨床の思想は、河合隼雄においてどのように表現されていっているのかについては、この後で明らかにしていきたい。

背景になるものというのは、また別の言い方が可能であると思われる。ユングは、心理学の対象である魂は同時に主体でもあると述べている[11]。この場合に、魂を対象として捉えるのは比較的たやすい。たとえばヒステリーというのを発見すればそれが理論になる。ユングの場合の元型という考え方でさえ、魂の対象化の一つの方法というような捉え方が可能かもしれない。しかし対象を見ていたり、生み出したりしている主体としての魂は非常に捉えることがむずかしい。

このように直接的に捉えがたいものに対してアプローチする一つのスタイルやレトリックが、否定である。心理療法は否定でしか表現できない。『カウンセリングの実際問題』では、心理療法は「何と異なるものだ」とするといいやすい[12]、とされている。そして師弟関係、親子関係、友人関係と異なるものとされている。あるいはマニュアル的に示せないので、心理療法は二律背反するものである[13]。だから決して単純な答えを提供しない。そのような姿勢は、河合隼雄の様々なエッセイに色濃く反映されていると思われる。有名になった「ふたつよいことさてないものよ[14]」などもその典型であろう。このようなエッセイも、臨床の思想の展開として理解できるのである。

　そのように表現しがたいものをあえてことばにすると、「舞台になる」という比喩にも表れているように、徹底的に器や場を提供し、あるいは場となる姿勢であったと思われる。自分は対象になったり、動いたりしない。好んだ表現によると「何もしないことに全力をあげ」つつ、ひたすら待つ。しかしそれは何もしないのではなくて、ある種エネルギーにみちているものである。また舞台という言葉から、ここでは「メタファー」というスタイルが重要なのがわかる。

　そして徹底的に待つことを裏打ちしているのが、クライエントの自己治癒力への信頼である。このあたりは、ユングとも共通していると思われる。クライエントに、あるいは無意識に委ねていくと、めちゃくちゃになったり、何も起こらなかったりするのでは決してなくて、そこから何か創造的なものが生じてくるという確信である。だからこそ、見てきた夢を報告してもらうことによって、治療が展開するのである。河合隼雄は心理療法をはじめて、クライエントがよく偶然によくなることに出会う。そして「僕の治療は奇跡で治るだけや[15]」と言ったところ、それを真剣に考えたらどうかという示唆を受ける。自己治癒力、起こってくる偶然とは何かというのは、河合隼雄が取り組んだ大切なテーマであり、またそれは臨床の思想の大切なポイントである。

一番の中核を言ってしまうと、あまりにもシンプルであるけれども、そこから様々な臨床の思想が展開し、また深められていったと思われる。それを次節から追っていきたい。まずは、その何もしないところからどのようなものが対象として現れてくるかである。そして現れたものが個人としての魂を超えていることから、文化や歴史の問題に必然的になっていくのである。

また二者関係的でなくて、場や舞台になるという非個人的な関係はどのように捉えたらよいのか。またそれによって起こってくる自己治癒の働きや偶然はどのように捉えたらよいのか、それも大切な要素である。河合隼雄はそれをなんとかして定式化していこうとする。

さらには芸のようなもの、形のないものは、何かに映していくと捉えられるかもしれない。臨床の思想はそのような展開もしていく。

この何もしないとか、舞台になるとかいうイメージでまとまればわかりやすいのであろうけれども、そこが臨床の思想らしく、これに反する動きがある。それは単なる抵抗や雑音ではなくて、何か本質的なものがあると考えられる。これは八、九節で扱いたい。

3　ものの魂

河合隼雄がユング心理学を日本に導入したころは、心理療法に関してはロジャース派の全盛期であった。これも「非指示的療法」とか「クライエント中心療法」というだけあって、セラピストがアクティヴになって、指示や解釈をするのではなくて、あくまでクライエントの語りを中心として、その感情を反映していくあり方を強調するものであった。極端な場合は、徹底的にクライエントの発言を鸚鵡《おうむ》返しにするような方法が取られていた。それだけに、河合隼雄はチューリヒのユング研究所から戻った初期のころ、セラピストの主体のあり方に注目するという立場に飽きていたし、またそれが単なるテクニックと化していることへの反発が強かったと思われる。

その中で取った方向性は、むしろセラピストの態度などを強調するのではなくて、セラピストの基本的態度ができていることは自明のこととして敢えて問わず、クライエントから出てくる内容に注目しようというものであった。つまり魂が主体であり、対象であるとすると、対象としての魂をまず強調したわけである。セラピストが自分を空しくしたときにクライエントから出てくるものがユング派の心理療法ではイメージであり、物語である。

その中で、箱庭療法というものが非常に重要であったと思われる。箱庭療法とは、周知のように、青色に塗った箱の中に砂を入れて、砂を掘ったり、盛り上げたり、さらにはミニチュアのフィギュアーを使って、風景などを作っていく技法である。もちろんこれは、ユング心理学の理論的枠組みでは、クライエントの無意識の表現として捉えられ、象徴解釈を中心としてアプローチされるのである。

しかし河合隼雄の中では、箱庭療法を通じて、既に自分独自の心理学と思想のはじまりがあったと考えられる。『箱庭療法入門』の「序」の中で、「筆者はスイスに留学中、この技法を知ったとき、「日本人向き」にできていることを直観的に感じたのであった。言語を主体とせず、感性に訴えて治療を行うことは、日本人の国民性に合っているのではないだろうか(16)」と述べている。西洋の心理療法も思想も徹底して言語に立脚している。ここに言語を中心としない心理療法と思想の可能性が示唆されている。これもことばにならない芸としての臨床の思想の展開である。さらには、箱庭療法は目に見える形になるということが重要である。形にならない芸というのが、ここでは形になる。そして夢やイマジネーションなどの、目に見えない、純粋に内面の産物としてのイメージは、当時の日本では受け入れられる環境になかったのかもしれない。それに対して箱庭は、外に目に見えるものとしてはっきりと現れていることが重要であったと思われる。それは内面と外面、ものと魂などの区別が、西洋ほどシャープでない日本人に適切であったのである(17)。その意味で箱庭は主体の内面表現や無意識の表現ではなくて、むしろものの魂の現れと言えよう。箱庭自体が自律性を持ち、魂を持っているのである。そこには日本庭園や華道の伝統を受け、またものに魂を感じる日本人の心性が役に立ったと思われる。

さらに感性に訴えるということは、その表現の意味とか解釈だけが中心になるのではない。西洋のユング心理学において、意味や解釈に重きが置かれるのは、イメージがその表面の現れとは別の次元に隠された象徴的意味を持ち、その象徴を解釈していくことが可能だからである。それに対して日本のイメージ、特に箱庭療法は、ものの魂の現れであって、ものから離れた別の何かを象徴しているというニュアンスが少ない。後に河合隼雄が強調するようになる、美的な表現や、葛藤の美的な解決ということが重要になってくる(18)。それでいて箱庭療法は、見ているだけでなんとなく表現されているものが理解できる。また回を重ねるにつれて作品が変化していくのを追っていくと、世界が変わっていっていること、ひいてはクライエントがよくなっていっていることがわかりやすく、説得力を持つ。この意味でも目に見えるという自明性の意味は大きかったと思われる。これは相手に語らせる、それどころか魂が表現し、ものが語る心理学であって、必ずしも説明を必要としないのである。

さらにこれは、親子関係の葛藤などを語らなくても、箱庭を作っているうちによくなってしまうクライエントがいるように、個人的な心理学を超えていく可能性を含んでいた。それは次に扱う、普遍性の問題につながっていく。

4　心理学――個別性と普遍

河合隼雄の臨床に関する著作を読んでいると、個々の相手や物語を活かしつつ、そこに驚くほど普遍的なイメージや概念を読み取っていくという特徴が認められる。自然科学が個を抹消することによって普遍への道を求めたのに対して、フロイトやユングは病の克服を通じて、個を追求したばかりでなくて、自分を全体に関係づけ、「個より普遍」に至る道を見出そうとしたと河合隼雄は述べている。[19] 再三再四、心理療法は「一人の〝人〟を非常に大事に」[20] することを、様々に表現を変えて述べながら、個から見えてくる普遍への視点というのは、河合隼雄において非常に顕著であると思われる。個から普遍を見るというのは、おそらく自身の臨床においても大切なポイントであり、また臨床を支えていたであろう。

最も代表的なのは日本における母性の重要性の指摘であろう。それは日本に戻ってすぐに出会った不登校のクライエントの見た、肉の渦の夢からの洞察である。何回もふれられているその夢を、もう一度ここで引用したい。

《夢》自分の背の高さよりも高いクローバーが茂っている中を歩いてゆく。すると、大きい大きい肉の渦があり、それに巻き込まれそうになり、おそろしくなって目が覚める。[21]

この夢について、クライエントの少年は、ほとんど何も思いつくことがなかったという。この夢の肉の渦は、生育史やこの少年の個人的な葛藤からは理解しがたい。そこでこのイメージを、個人を超えた問題やイメージとの関わりにおいて捉えていくことが重要であると河合隼雄は考えるのである。そして、肉の渦を渦巻き線、大地の持つ神秘、地母神像などに関係づけることによって、ここに否定的で、呑み込んでしまうような母なるものの働きが認められていくのである。そのことから不登校というのも、呑み込み、絡みつくような母なるものに捕まっている状態としてみていかれる。この読みは、次回でクライエントが、「僕は家で甘やかされているのが嫌だ」と語って、治療的な話が進展したことでも裏づけられている。

これは臨床的に二重の方向を持っていると思われる。一つは、個々のクライエントの症状やイメージから、否定的な母なるもののような普遍的なものが認められ、それがまた治療の枠や支えになっていく。もう一つはこのように抽出された普遍的なものが、他の症状にも応用できるのではないかと見ていかれることになる。たとえば対人恐怖の人や引きこもりの人にも、母なるものとの関連で見えてくるものがある。そしてさらには、抽出された普遍的な見方は、心理療法に限らず、多くの分野に適用されていくことになった。河合隼雄の日本文化論や日本社会論は、臨床から出てきた普遍的な見方を応用したものが多いと思われる。[22]

そのような普遍的なイメージや概念を見ていくために、ユング心理学の概念が重要であった。たとえば同性愛のクライエントのケースに対して、「永遠の少年」という元型に関係づけてコメントしている。[23] 永遠の少年とは、イカロスなどを代表とする、輝かしいけれども、大人にはならない少年である。日本人の男性におけるアニマ、女性像の弱さ、親との対決のなさなども、臨床、ことに夢分析から捉えられた日本人における普遍性であると言えよう。

しかし日本文化論や日本社会論として展開したものは、たまたまユング心理学が応用されたものではないと思われる。つまり徹底して個別に話を聴きながら、そこから常に普遍的なことを背景に考えるという姿勢を、臨床において持っていたのであり、その意味ではこれも臨床の思想の一局面なのである。

5 中空構造——臨床の思想の自覚

河合隼雄の臨床について、自分は何もせずに、器を提供することがその神髄だと述べた。そのあり方そのものではなくて、むしろ生み出される結果に注目して彼の心理学の展開を見てきたが、まさにその臨床の姿勢そのものを自覚的に捉え直したのが、日本神話における中空構造であると考えられる。

日本神話における中空構造について少し復習しておくと、日本神話でのいくつかの三神の組み合わせにおいて、ほとんど何もしていなかったり、ほとんど言及されていなかったりする神がいるということである。一番わかりやすいのは、黄泉の国から帰ってきたイザナキが生んだいわゆる三貴子において、アマテラスとスサノヲについては、多くのことが物語られ、ほとんど日本神話の主人公のような位置づけが可能であるのに対して、ツクヨミに関する物語がほとんど現れないということである。(24) また、世界のはじまりのときに成る三神のうち、タカミムスヒとカミムスヒの二神については、その働きが語られるのに対して、その名前からして中心や最高神となるように思われるアメノミナカヌシは、その後何の記述もない。また同じような構造はコノハナサクヤヒメの生んだ三神においても認められる。すなわち、ホデリとホヲリには、いわゆる海幸、山幸として知られる有名な話が存在するのに対して、ホスセリに関しては、話がなくて、まったく無為の存在であるというのである。

このことから、河合隼雄は日本神話が男性原理と女性原理など、様々な対立がバランスを保ちながら、中空を巡る形をとっているとする。つまり中心が空であるので、何かの原理のもとに統合されてしまうということがないけれども、様々なことがバランスを保ちながら動いていくという構造を取っているとするのである。これはリーダーや中心となる原理が不在であるという日本人論や日本社会論としても展開されることになる。

このような分析に対しては、河合隼雄も引用しているように、歴史学や神話学からすると、アメノミナカヌシという最初の最高神は、後代において作られた神であるという反論があるかもしれない。(25) 至上神があまり礼拝されずに、有閑神(deus otiosus)になっているのは、宗教学では知られた現象である。(26) 大林太良のように、無為の神は、南方系の神話から伝播してきたという見方もできるかもしれない。(27) それにしても、少なくとも三回も同じ構造が繰り返されるところには、かなり根本的な構造の存在を感じさせる。

しかし河合隼雄が中空構造論で展開したかったのは、心理療法論であり、まさに臨床の思想の中核ではなかろうか。何もしないで中心にいて、それゆえにその中空をめぐって様々なことが生じてくるという自分の臨床を、日本神話の構造分析を通して語っていると思われる。心理療法においてしばしば「受容的態度」というのが強調されるように、場を提供するとか、器となるというのも、母性的なありかたとして形容できるかもしれない。しかし中空というのは、それをさらにラディカルに捉え直している。母性的というのが器であっても、それはまだ有の立場であるのに対して、中空は真に無の立場であるとでも言えようか。

それにしても臨床の思想は、なぜ『古事記』や日本神話を必要としたのであろうか。ユングの思想を考えてみると、ユングは晩年、錬金術に没頭した。(28) 後期のほとんどの著作が錬金術に捧げられていると言っても過言ではないくらいである。そしてユングは、錬金術に自分の心理学の歴史的な先駆者を見出したと言われている。しかしこれは、心理学や魂というのが、自分だけでは成立しなくて、必ず他者を必要とすることによると考えられる。つまり主体としての魂そのものは捉えることはできないのである。主体についての学問である心理学は他者を必要とし、ユングの場合は、それは錬金術であった。河合隼雄においては主に神話や古典文学であると考えられる。

しかし中空構造は、心理療法という事態を、日本神話という他者に映し出しただけのものではない。それは心理療法という極限の状況からつかまれた心の構造の提起なのである。宗教においては、瞑想や巡礼などの修行から心の構造を把握していく。心理療法においては、まさに臨床から心の構造をつかんでいこうとする。それがまた、人類最古の哲学(29)とも言える、神話と照応されているところが興味深い。中空構造とは、臨床の姿勢を示しているだけではなく、臨床から捉えられた人間存在の根本構造なのであり、河合隼雄の臨床の思想の中核でもある。

河合隼雄の『昔話と日本人の心』以後の仕事を見ていると、それまでのような、個々の事象を捉える心理学的な概念、特にユング心理学の専門用語が重要でなくなっていくことに気づかされる。たとえば「自己」というタームは、『神話と日本人の心』で一度だけしか登場しない。常識的に考えれば、中空構造とユングの「自己」という概念が非常に近いにもかかわらず、使われていない。これは、中空と個々の事象や物語が直結してきて、その中間となる概念が必要なくなってきているからであろうと思われる。それとともに、個々の事象や物語に語らせることによって心理学となっていく傾向が強まる。『とりかへばや』や『源氏物語』の分析などはそのよい例であろう。

6 思想家のモデルとしての明恵

ユングの場合、自分の仕事の先駆者として錬金術を発見したことが重要であった。彼は、グノーシスから錬金術につながる流れに自分の思想を位置づけようとしたのである。そして精神的危機にあったときに、自分のアクティヴ・イマジネーションに登場し、フィレモンと名付けた老人を、自分のいわば師匠として、想定していた。

河合隼雄にとって、明恵の発見というのは非常に重要であったと思われる。湯川秀樹、梅原猛に勧められながらしばらく放置していて、明恵の『夢記』を読んだときに、「とうとう日本人の師を見出すことができたと感じた(30)」と述べているくらいである。

明恵に関しては、非常に多面的に共感することができたと思われる。まず夢日記をつけていたこと自体が重要であろう。ユング心理学においては夢との取り組みがかなりのウェートを占めており、日本の中世にそれだけ夢を真剣に受け止めて取り上げていた人が存在したこと自体が、大きな意味を持ったと思われる。

さらには、明恵がテーマとしていたことが驚くほど河合隼雄に重なっている。たとえば死のテーマである。河合隼雄にとって死というのは、幼少の頃からの大事なテーマであったが、それは明恵にとっても同じで、一三歳のときに狼に食べられて死のうとしたくらいなのである。[31]また女性性や女性との関係というのも大切である。ユング心理学においては、結合というのがキーワードになるくらいなので、男性における女性像のイメージがとても重要になる。しかし日本人の分析や治療においては、女性像はあまり重要でないことが多く、また文学や文化においても弱い。そのあたりに、女性像のテーマを深く意識していた河合隼雄にとっては、違和感があり、それが若いころに西洋の文化や芸術に引きつけられた大きな原因であったと思われる。つまりロマン派をはじめとして、西洋の芸術には女性像が見事に描かれているからである。ところが明恵において、女性性や女性像というのが非常にはっきりとしたテーマとして、しかも母性とは区別して現れてくる。[32]これは、日本のコンテクストの中ではじめて、女性像のテーマが扱われているものに出会って、自分との連続性が見いだせた体験であったと思われる。

また幼い頃から合理主義者であり、日本的ないい加減さに強い抵抗と不快感を持っていた河合隼雄にとって、明恵の生き様は驚くべきものであった。日本において、戒というのが重要視されていなかったのに、明恵が戒を守り通したこと、しかも合理性や意志の力を持っていたことも、共感を抱かせたと思われる。単純に「あるがまま」でなくて、そこに意志の力が必要で、問いかけを含んだ「あるべきやうわ」という言葉を高山寺の

掛け板の冒頭に選んだことにも、明恵の姿勢は込められている。(33)

また明恵を通じて、次節でふれる華厳経や華厳の哲学に出会ったのも重要であった。華厳経に登場する、ほとんど一言も発しない大日如来の姿というのも、再び中空構造を体現しているかのようである。

このように河合隼雄にとって明恵は、何もかも共感できるもので、明恵を通してほとんど自分自身を語っているかのように思えることすらある。しかし明恵を自分の先駆者として位置づけることは、パラドクスを含んでいることを指摘しておかねばならない。つまり日蓮宗の開祖となった日蓮や、浄土宗の開祖となった法然などとは違って、宗派をひらくことに否定的だった明恵自身が、思想史や日本仏教史に位置づけられにくい者なのである。つまりせっかく自分の先駆者を見出しながら、その先駆者が位置づけられないので、再び自分の位置づけが宙に浮いてしまうことになる。そのあたりを河合隼雄は自覚していて、「明恵にならうなら私は一人でなければなりません」(34)と述べているのである。これは実は、アイデンティティーというものの持つ必然かもしれないのである。(35)

7　思想の論理としての仏教

河合隼雄の得意としたジャンルは物語である。それは小さい頃から物語を愛し、それに対して詩は得意ではなかったということも関係しているかもしれない。また哲学というスタイルも合わなかったようである。だから得意とするのも物語の分析であり、また書き方も物語的であった。抜群のストーリーテラーであったとさえ言えよう。

物語のよさは、そのわかりやすさとインパクトであろう。それが河合隼雄の著書が一般に受け入れられた大きな要因でもある。しかしその欠点は、個々の物語は異なるものであるし、またいくら物語を積み重ねていっても、それが本当の説明や証明になりえないことである。思想となるためには、何か物語を超すような論理や構造が必要となってくると思われる。

同じようなことはユングについても言える。ユングの暗黙の思想を読み解くための論理の発見が必要となる。ユングも論理の問題には気づいていて、それを錬金術の研究を通じて行おうとしていたふしがある。ギーゲリッヒが捉えているように、それは「石であって石でない」(36)という否定の論理であったり、「結合と分離の結合」という弁証法なものであったりする。ギーゲリッヒはそこにヘーゲルを援用して暗黙の思想を明示的なものにしていこうと努めている。

河合隼雄の場合に、自分のあり方をもっともよく説明してくれる論理として重要になっていったのは、仏教であると思われる。これには先にふれた明恵との出会いも大きいと考えられる。その中で特に華厳哲学の考え方と、それについての井筒俊彦による解説に共鳴していく。そのあたりの接点を取り上げてみたい。

心理療法によって、どうして現実が変化するのか、またそこでの人のつながりや出来事のつながりはどうなっているのか、というのはなぞである。それは、河合隼雄が最初に身につけた「科学」という論理では解けないものであった。心の病の原因も、またよくなった原因も、因果論では説明し尽くせない。因果論を超えるものとしてユングは、「共時性」などということを言い、河合隼雄もこれを用いようともしている。しかしそれは、ともすると疑似科学的なものにとどまってしまう。

それに対して河合隼雄は、心理療法における出来事を、最終的には華厳哲学から捉えていく。華厳の哲学では、一つ一つのものの固有性はない。だから境界線をはずしていくと、事物間の差異が消えてしまう「理法界」となる。まさに中空の状態である。しかしその「理」の世界は、通常われわれが現実と呼んでいる「事」の世界に自己分節していく。だから個々のものの内的構造に、他の一切のものが隠れた形で含まれ、それが「縁起」と呼ばれる。

これは心理療法における事態をとてもよく説明しているのではないだろうか。河合隼雄の行っていたユング派の心理療法は、あくまで一人のクライエントに会っていくのであるが、その人は家族の、それどころか先祖や日本全体の問題を背負っているように感じられることが多い。これも「縁起」としてみなすことができる。そしてだからこそ一人の人に会うことによって、直接働きかけるわけではないのに、家族の他のメンバーも変化していったりするのである。ひいては社会全体の問題にアプローチしていることになる。だからこそ河合隼雄の日本社会論は、深みと動きを持っていたと言えよう。

また治療関係も、華厳の世界で捉えていくと興味深い。われわれはどうしても「事」の世界から関係を捉えていく。するとクライエントやセラピストというのが、固定した本性や実体を持っているかのように信じて、二つの実体の間のやりとりを考える。これでは行き詰まるか、どこかで妥協を考えていくしかなくなる。それに対して華厳の哲学から見ると、治療関係も「理」の世界からたまたま生起したもので、絶対につながりつつ、また固定化する必要がないものなのである。

このように華厳の哲学をはじめとする仏教の理論は、河合隼雄の思想にとって非常に重要になりつつあったが、それもまだ途上にあるという印象が強い。ユングが「自分の後からくる人が捉え直すべき」と言っていたように、河合隼雄に関しても同じことが言えるように思われる。

8　鬼っ子の系譜——中空からはみ出す者

自分は何もせず、無の立場にいるという中空構造や大日如来のあり方で臨床の思想がまとまれば、非常にすっきりとしたものになったであろう。しかし河合隼雄には、常にそれからはみ出す鬼っ子の存在がある。それは臨床から生み出されてきた必然であったとともに、そこに自らの姿が映されているとも言える。それが最も典型的に示されているのが、「片子《かたこ》」の昔話であろう。鬼と人の間に生まれた子どもが、最後は自殺に至るという悲劇の物語である。それについて河合隼雄は、「父親が鬼、母親が日本人の「片子」とは、私にそっくりの状況と感じられたのである」(37)とさえ述べている。

そのような鬼っ子の系譜は、河合隼雄の思想を貫いている重要なモチーフである。中空とそれからはみ出す鬼っ子の関係というのが、河合隼雄の思想のライトモチーフであったようにも読めるのである。ユングの思想の場合に結合というのがライトモチーフであり、それが最終的には「結合と分離の結合」として収斂してくるのに対して、河合隼雄の場合、中空構造というのが様々な形で現れ、それからはみ出すものが生じ、それの統合とさらなる排除と対立が思想の展開を生んでいったように思われる。

マイルドには、まずそれはトリックスター像ということになろう。つまり道化などに代表されるような、秩序をこわしたり、笑いを引き起こしたりする存在である。日本神話におけるスサノヲにもその姿が見られ、チューリヒのユング研究所における資格審査論文(38)において、スサノヲにかなり焦点を当てていることからも、それは重要であったことがうかがわれる。また冗談を好み、当意即妙な応答に長けていた河合隼雄は、極めてトリックスター性の強い人であって、それにもマイルドな鬼っ子のあり方が現れている。もっともそれは、トリックスターとは、河合隼雄が社会に対して見せていた顔であった。

トリックスターが、まだ社会から最も受け入れやすい鬼っ子だからであろう。日本でユング心理学を導入した、比較的初期に書かれた『コンプレックス』[39]や『影の現象学』[40]なども、自我意識の世界から見た鬼っ子を扱っているとも考えられるが、それにはトリックスターの姿が見え隠れするのである。

しかしもっと遡ってみると、河合隼雄の鬼っ子らしさは、小さい頃からの日本的なものへの疑問と、合理主義、論理へのこだわりに示されている。兄たちや先生を困らせ、また怒らせた鋭い論理、ほとんど全ての人が軍国主義に染まっていた戦前、戦中の日本でのそれに対する疑問と批判など、エピソードを数え上げればきりがない。それは若い頃の科学と西洋の考え方への同一化につながっていく。数学から心理学に転向した後も、科学への傾倒は強く、最初の分析家であるシュピーゲルマンに、夢の分析をするなど、科学的でないと意見して拒もうとしたくらいであった。ユング心理学は、非常にサイエンスモデルから遠いと思われるけれども、それでも最後まで科学を大切にしたのは確かである。本書の編者の一人である中沢新一氏との対談で、科学へのこだわりを冷やかされているくらいである[41]。それはこの鬼っ子存在へのこだわりなしには理解できない。この場合の鬼っ子は、日本的なあいまいなものに対抗している合理主義である。

片子の母親が「人間」ではなくてわざわざ「日本人」とされ、また鬼っ子存在の一つのあり方として西洋の科学があったように、鬼っ子存在には西洋的なものの関わりが大きい。その代表的なものの一つが西洋的自我や意識であったと思われる。たとえば仏教的な修行や悟りという観点からすると、これらのものは不要かもしれない。その意味では自我や意識は捨て去って、中空構造でまとまる方が思想としてはすっきりとする。『大乗起信論』を井筒俊彦の解説を引いて紹介している際にも、真如を忘れてこの世の現象に関わっていく「不覚」の過程が西洋で言う、「自我形成」の過程と相当に似通っていることを河合隼雄は指摘している。[42] つまり自我を作ることは、悟りから離れることになってしまう。しかし河合隼雄は鬼っ子存在を問題にせざるをえなかったのである。それにはもちろん、心理療法を行っていると、自我や意識の問題を避けて通れず、またさらには、単に西洋の自我概念を持ち込むことではうまくいかないということがあったと思われる。そして自我や意識についての一つの答えが、『昔話と日本人の心』[43]における女性の意識というものであった。これはまず、日本の昔話を女性を主人公として見ていくことで、一つの流れを見出す。日本の昔話には、西洋の昔話のような、異界の存在との結婚というのがほとんど実現しない。それはオーソドックスなユング心理学からすると、異界の存在が無意識を象徴していることになるので、意識と無意識との統合や結合がないということになり、心理学的なレベルが低いことになってしまう。それに対する河合隼雄の見方はまず、「鶯の里」や「鶴女房」のように異界の存在が男性とつながらずに去ってしまう、その何も起こらないということが重要であり、また西洋の達成を目指す倫理的な視点ではなくて、去っていく際に美が生じるという美的な視点が重要であるというものであった。これは、無を強調していることからもわかるように、中空構造に対応していると思われる。ここで議論が終わると、古来の日本思想と言われていたものの賛美に終わるであろう。

しかし河合隼雄の思想の真骨頂は、無や中空構造を超えていくところである。日本の昔話における様々な女性の主人公を分析するうちに、その無、中空構造、消えていく美しさにとどまらず、「炭焼長者」における「意志する女性」というイメージにたどりつく。この物語の女性は、親によって結婚をアレンジされていたのに、夫と別れ、後に炭焼五郎に自らプロポーズする。詳しい議論や分析の紹介は省くが、そこにははっきりとした自我の存在や、また結婚のテーマが示されているのであるけれども、それが女性を主人公としているのがユニークであるという。ともかく鬼っ子存在は、位置を与えられたことになり、一つの解決を見たことになったのである。

鬼っ子存在が西洋的なものというニュアンスを持っていて、常に対立するものを想定しているように、それは東洋と西洋の枠組みでも考えられる。鬼っ子存在がそのような枠組みで登場したのに注目してみると、母性社会に対する父性原理の必要性というのもその一つである。中空構造に対する中心構造というのもその例である。そして繰り返し強調されるのが、家や集団に重きを置く集団や場の論理に対する個人の重視である。(44)

そのような対立を語りつつ、河合隼雄は第三のものをほのめかし、バランスを説くところがある。そうすると鬼っ子存在も、日本のコスモロジーや心的構造のなかに位置を占めているかのように思われる。それを様々な形で展開していったと言えよう。

9　鬼っ子の激化と展開

しかしそのような対立軸におさまらない、はみ出す者がいる。それが片子であり、日本神話におけるヒルコの像であると考えられる。ヒルコは、イザナミ、イザナキが最初に子どもを生んだときに、身体的に不完全であったのか、流されてしまった子どもである。アマテラスが「オオヒルメ」とも呼ばれるように、河合隼雄はヒルコを流したことに、男性の太陽神、ひいては父性的な男性神の追放を見ていく。日本神話は、様々な対立するものをうまく取り込んでバランスを保っているけれども、それにも受け入れられなかったのが、このヒルコの存在と物語に現れているというのである。ここにおいて鬼っ子の存在は、再び先鋭化される。ヒルコのことをはじめて話した一九八五年のエラノス会議での講演「日本神話における隠された神々」(45)で、河合隼雄は最後に感極まって絶句し、涙を流した。鬼っ子に対することばに尽くせない思いが感じられるのである。

鬼っ子としてのヒルコの示すものとして様々なことが考えられる。ヒルコの復活とも考えられているエビスが商売の神であるように、それは今の世界、ひいては日本を支配している経済として戻ってきているのかもしれない。しかし心理学的な存在としての、絶対に受け入れられない鬼っ子の課題は残っていると思われる。

ヒルコとは少し離れて、河合隼雄の思想のその後の展開で、どのように鬼っ子が現れてきたのかを見ていこう。『源氏物語』に対する解釈においても、鬼っ子の位置づけの課題は引き継がれている。『源氏物語』に対して、ユング心理学を普通に適用すれば、女性の作家である紫式部が理想とする男性像を光源氏として描いたということになろう。しかし源氏のイメージ自体にはおもしろさが欠けていて、むしろ源氏を中心に置くことによって、逆に様々な女性像を描こうとしたという解釈は、卓見である。それには、心理療法家としての体験が裏打ちされているように思われる。つまりクライエントがセラピストを理想化しても、実はセラピストのイメージは重要でないし、セラピストは真のターゲットではない。むしろセラピストを媒介として、自分の存在を様々にセラピストの周りに位置づけ、それが展開していくことが治療や分析において重要だからである。そして『源氏物語』では、母、娘、娼婦などの様々な女性のあり方が、源氏を中心としたマンダラ構造になっているとして分析されていく。だからこそ『紫マンダラ』(46)という題名をつけたのである。これはまさに、源氏というキャラクターのはっきりしない存在を中心に持つことによってできる豊かな中空構造である。

しかし河合隼雄は、紫式部の中には源氏を中心として女性像を描くことだけでは満足できないものがあり、また物語の人物たちが自律性を帯びてくるところがあると指摘する。それによって、男性像は薫と匂宮に分裂し、それをめぐる指摘も興味深いものであるけれども、さらに浮舟という女性が登場してくる。浮舟は最初は全く受動的に生きていて、死に追い込まれそうになり、奇跡的に助かってからは、出家の意志を固くし、男性を拒んで生きる。ここに河合隼雄は、「自分のなかから生じてくるものを基盤にもって個として生きる」(47)姿を見るのである。それは『昔話と日本人の心』における「意志する女性」を受けているようでもある。前半の女性像をマンダラ的に位置づけている鮮やかな分析に比べて、「個としての女性」という最終章はわかりにくいところもある。しかしそれは、源氏による中空構造にあらがって生じてきたいわば鬼っ子としての個というあり方であり、「次の世紀へと持ち越されるのではなかろうか」(48)という唐突な終わり方とともに、われわれに残された課題なのかもしれない。

中空とそれをはみ出したものというのは、臨床のコンテクストではセラピストの発言や感情表現として現れてくる。セラピストが舞台になり、個人的な見方から普遍的な地平に移っていくと、必然的に個人的な発言や感情が抑制されることになる。夢についても解釈をしなくなり、「夢は大切なので聴いているが聴くだけのことが多くなった」(49)とされている。まさに中空のあり方の実現である。しかし河合隼雄は、晩年においては、心理療法の場面で比較的自由に喜怒哀楽の感情を表したとも述べている。(50)それは自分の中の鬼っ子にオープンであり、またそれが個人的と普遍的などという対立と関係がなくなったことを意味していると思われる。喜怒哀楽を表しても、それは私の個人的感情ではなくて、何かが私を通して表現されているだけなのである。それは、『臨床家　河合隼雄』[51]の序論でふれた、『ユング心理学と仏教』における二人の僧の話にもつながる。つまり、たとえ私が笑い、怒り、ふれたとしても、それは風が生起して通りすぎたようなものなのである。

中空と鬼っ子という対立は、河合隼雄が一生の課題としていた死の問題にも関わる。中空の立場からすると、死は恐れるべきものではなくて、個人が死滅することもその実体性にこだわらなければよいだけのものなのである。しかし個人の魂という視点からすると、話は異なってくる。ここに河合隼雄が取り組もうとした個人にとっての死というテーマが出てくるが、それについても、われわれに今後の問題として残されたように思われる。

10　『赤の書』と河合隼雄

おりしも今年(二〇〇九年)、ユングが第一次世界大戦の直前から陥った精神的危機の時にその体験を書いていた『赤の書』が世界同時発売されようとしている。これまでも『ユング自伝』からその内容を多少うかがい知ることはできたが、それはユングを襲った精神病と紛うようなヴィジョン、ユングが自分からイメージを想起して、そこに登場した人とのやりとり、さらにそれへの自らの解釈から成り立っている。ユングがヴィジョンを見はじめたのが一九一三年くらいからで、また一九六一年に亡くなっているので、体験からは一〇〇年近くを経て、死後約五〇年後の出版である。一見するとキリスト教の神との対決や、魂とつながることによる神の再生が表面では目立つかもしれないが、そのエッセンスを詩的に示している「死者との七つの語らい[52]」を読めばわかるように、むしろ大切なテーマの一つは死者の贖いにあるように思われる。

河合隼雄はこの『赤の書』を読まずに亡くなってしまった。『古事記』とユングの「死者との七つの語らい」に基づいて自分の体験と思想を著したいと言っていたのも、見果てぬ夢と終わってしまった。「死者との七つの語らい」でユングが自分と同一視していたバシリデスという人物の「無は充満と等しい」という言葉から救いを見いだせずに戻ってきた死者たちへの説教がはじまるのは、まさに中空と救われぬ鬼っ子存在に関わっているように思われる。『赤の書』というもっと詳細な内容を手に入れることによって、河合隼雄ができたかもしれないこと、それはもうわれわれにも死者にも与えられない。むしろそれはわれわれの課題となり、自らが死者となった河合隼雄に、われわれが語るべきことかもしれない。

それと同時に、五〇年、いや一〇〇年の歳月を経てユングの生の体験を蘇らせた『赤の書』は、語られなかった河合隼雄自身の物語への問いを呼び覚ます。しかしそのような問いに意味があるかどうか、それはユングの例のように、歴史が答えてくれることであろう。

［文献］
（1）河合隼雄『青春の夢と遊び――内なる青春の構造』岩波書店、一九九四。（岩波現代文庫、二〇一四）
（2）たとえば、「元型は荘重に、それどころか大げさに語る」（C・G・ユング（アニエラ・ヤッフェ編、河合隼雄・藤縄昭・出井淑子訳）『ユング自伝1――思い出・夢・思想』みすず書房、一九七二、二五四頁。訳は筆者による）。
（3）河合隼雄『ユング心理学入門』培風館、一九六七、i頁。（『ユング心理学入門』岩波現代文庫、二〇〇九）
（4）河合俊雄『ユング――魂の現実性』（現代思想の冒険者たち03）講談社、一九九八。（『ユング――魂の現実性』岩波現代文庫、二〇一五）
（5）Shamdasani, S.: *Jung and the making of modern psychology: The dream of a science*, Cambridge University Press, 2003.
（6）Giegerich, W.: *The soul's logical life: Towards a rigorous notion of psychology*, Frankfurt a. M., Peter Lang, 1998.

（7） Giegerich, W.: "Psychology-the study of the soul's logical life", in Casement, A. (Ed.), *Who owns Jung?*, London, Karnac, 2007, pp. 247-263.

（8） 赤坂憲雄「『風土記』から『遠野物語』へ――河合隼雄の昔話論の導きのもとに」『日本における分析心理学』ユング心理学研究第1巻特別号、創元社、二〇〇九、三六―四九頁。

（9） たとえば、河合隼雄『心理療法序説』岩波書店、一九九二、二一九頁。（岩波現代文庫、二〇〇九、二二〇頁）

（10） 同書、三頁。（岩波現代文庫、二頁）「心理療法とは、悩みや問題の解決のために来談した人に対して、専門的な訓練を受けた者が、主として心理的な接近法によって、可能な限り来談者の全存在に対する配慮をもちつつ、来談者が人生の過程を発見的に歩むのを援助すること、である」と定義されている。

（11） Jung, C. G.: "Psychologie und Religion", 1940, in *GW*, 11, Walter-Verlag, 1979, §87.

（12） 河合隼雄『カウンセリングの実際問題』誠信書房、一九七〇、二頁。（『カウンセリングの実際』岩波現代文庫、二〇〇九、二頁）

（13） 同書、八四頁。（岩波現代文庫、九六頁）

（14） 河合隼雄『こころの処方箋』新潮社、一九九二、一二頁。

（15） 河合隼雄『宗教と科学の接点』岩波書店、一九八六、一八五頁。

（16） 河合隼雄編『箱庭療法入門』誠信書房、一九六九、九頁。

（17） 河合俊雄「日本における分析心理学――日本人の意識の多層性・多様性・解離性」『日本における分析心理学』ユング心理学研究第一巻特別号、創元社、二〇〇九、一一八―一三五頁。
(18) 河合隼雄「日本人の美意識」『生と死の接点』岩波書店、一九八九。(岩波現代文庫、二〇〇九)
(19) 河合隼雄『ユング心理学と仏教』岩波書店、一九九五、二三頁。(岩波現代文庫、二〇一〇、二三頁)
(20) 河合隼雄『河合隼雄のスクールカウンセリング講演録』創元社、二〇〇八、四八頁。
(21) 河合隼雄『ユング心理学入門』培風館、一九六七、九〇頁。(『ユング心理学入門』岩波現代文庫、二〇〇九、七一頁)
(22) 河合隼雄『河合隼雄のスクールカウンセリング講演録』創元社、二〇〇八、一一六頁。日本文化について「われわれにとっては、実際の臨床の場を離れてする話は何の意味もありません。やはりわれわれは、クライエントと会って、その会っている経験の中から発言していく、これが大切だと思います」。
(23) 河合隼雄編著『心理療法の実際』誠信書房、一九七七、一〇六頁。
(24) 河合隼雄『中空構造日本の深層』中央公論社、一九八二。
(25) 松村武雄『日本神話の研究』(第二巻　個別的研究篇(上))培風館、一九五五。
(26) M・エリアーデ(久米博訳)『太陽と天空神』(エリアーデ著作集第一巻)せりか書房、一九七四、九二頁。
(27) 大林太良『神話の系譜――日本神話の源流をさぐる』青土社、一九八六。
(28) 河合俊雄『ユング――魂の現実性』講談社、一九九八(『ユング――魂の現実性』岩波現代文庫、二〇一五)、第九章「錬金術と新しい心理学」参照。
(29) 中沢新一『人類最古の哲学——カイエ・ソバージュⅠ』講談社、二〇〇二、一〇頁。
(30) 河合隼雄『ユング心理学と仏教』岩波書店、一九九五、五五頁。(岩波現代文庫、二〇一〇、五四頁)
(31) 河合隼雄『明恵 夢を生きる』京都松柏社、一九八七、六八頁。
(32) 同書、第六章「明恵と女性」。本書所収「アッシジの聖フランチェスコと日本の明恵上人」も参照。
(33) 河合隼雄『明恵 夢を生きる』京都松柏社、一九八七、一八八頁以下。
(34) 河合隼雄『ユング心理学と仏教』岩波書店、一九九五、六二頁。(岩波現代文庫、二〇一〇、六一頁)
(35) W・ギーゲリッヒ(河合俊雄編・監訳)「ユング心理学の底なしさ——ユング派としてのアイデンティティーの問いについて」『魂と歴史性——ユング心理学の展開』(ギーゲリッヒ論集1)日本評論社、二〇〇〇。
(36) 河合俊雄『概念の心理療法——物語から弁証法へ』日本評論社、一九九八、第一三章「結合」参照。
(37) 河合隼雄「序説 国際化の時代と日本人の心」『日本人の心』(河合隼雄著作集8)岩波書店、一九九四、ix頁。
(38) 河合隼雄(河合俊雄・田中康裕・高月玲子訳)『日本神話と心の構造——河合隼雄ユング派分析家資格審査論文』岩波書店、二〇〇九。

(39) 河合隼雄『コンプレックス』岩波新書、一九七一。
(40) 河合隼雄『影の現象学』思索社、一九七六。
(41) 河合隼雄・中沢新一『仏教が好き！』朝日文庫、二〇〇八、二四五頁。
(42) 河合隼雄『ユング心理学と仏教』岩波書店、一九九五、一八九頁。(岩波現代文庫、二〇一〇、一八二頁)
(43) 河合隼雄『昔話と日本人の心』岩波書店、一九八二。(岩波現代文庫、二〇一七)
(44) たとえば、河合隼雄(村上正治、滝口俊子編)『河合隼雄のスクールカウンセリング講演録』創元社、二〇〇八。
(45) 河合隼雄(河合俊雄・田中康裕・高月玲子訳)『日本神話と心の構造――河合隼雄ユング派分析家資格審査論文』岩波書店、二〇〇九。
(46) 河合隼雄『紫マンダラ――源氏物語の構図』小学館、二〇〇〇。(『源氏物語と日本人――紫マンダラ』岩波現代文庫、二〇一六)
(47) 同書、二三二頁。(岩波現代文庫、二八三頁)
(48) 同書、二三三頁。(岩波現代文庫、二八四頁)
(49) 河合隼雄『ユング心理学と仏教』岩波書店、一九九五、五八頁。(岩波現代文庫、二〇一〇、五七頁)
(50) 同書、一八〇頁。(岩波現代文庫、一七三頁)
(51) 谷川俊太郎・鷲田清一・河合俊雄編『臨床家 河合隼雄』岩波書店、二〇〇九。(岩波現代文庫、二〇一八)

(52) C・G・ユング(アニエラ・ヤッフェ編、河合隼雄・藤縄昭・出井淑子訳)『ユング自伝2——思い出・夢・思想』みすず書房、一九七三、巻末付録。ユングは『赤の書』は出版しなかったが、精神的危機の時の特に後半の体験を、詩的に表現した「死者への七つの語らい」を自費出版して、親しい人に配り、後に『ユング自伝』に収録された。

河合隼雄の『昔話と日本人の心』を読む

大澤真幸

はじめに

ここでは、河合隼雄さんが一九八二年に出された『昔話と日本人の心』(岩波書店)という有名な本を題材にしながら、日本文化論について考えたいと思います。僕はこの本が出たときにすぐに読んで非常に強い印象をもち、それについて考えてみたいとずっと思っていました。ただ、僕の読み方は、ユングを専門に研究していらっしゃる方々の思考パターンとは若干違うかもしれません。そのあたりをうまくチューニングしていただければと思います。

この本はタイトルのとおり、昔話を類型化しながら日本人の心の構造を河合さん流に解明しています。その際、漠然と日本人の心を考えるのではなく、ひとつの基準を入れて、解釈の座標軸にしています。それは「女性」「おんな」という基準です。〝昔話のなかで「女性」がどのように扱われているのか、どのように語られているのか〟という観点から読み解くスタイルになっているわけです。「日本の昔話は『男性の目』ではなく、『女性の目』でみるとき、その全貌が見えてくるように思われる」と書かれているように、女性という軸が入っているのです。

この本は全部で九つの章に分かれていて、各章が昔話のひとつの類型になっています。しかも、ただ何となく九つではなくて、全体に緩やかな筋がついています。つまりこの本は、昔話を集めて分析しながらも、全体として河合さん流のひとつの物語をかたちづくっているのです。〝物語のなかで描かれている日本人の女がいかにして主体性を獲得していくか〟という筋になっていて、互いに関係ない昔話を扱っているはずなのに、何となく一連の話を読んでいるような構造になっているのです。

ですから、日本の昔話を主たる材料にしながら、まずは日本と関係なしに〝「おんな」あるいは「女性」がいかにして主体化するか〟という、ある意味で一般的な問いも提示されています。それとの関連で、〝日本人の心の構造はどうなっているのか〟という問題を同時平行的に考えていこうと思います。

社会学の立場から、書いてあることをそのまま紹介するのではなく、どのようにアレンジし直していくかを見ていただきたいと思います。

1　見るなの座敷

最初の章がある意味で一番重要です。その第一章でこの話をとりあげたところに、著者のある種のセンスを感じます。まず、《見るなの座敷》というタイトル。このようなタイプの昔話は日本じゅう至るところで採集されています。これを最初にもってくるのは、なかなか勇気がいることです。なぜかというと、ものすごく単純で、こんな簡単な話は面白くないのではないかと思うほどだからです。ですから、これをベースに持ってくるのは、かなり確信がないとできないことだと思うのです。

まず、男が、森とか、山の中とか、村の外に出ます。その男が、どういうわけか、普段から行っているような森で、見知らぬ大きな屋敷を発見します。その屋敷には、美しい女性がいます。その女性が「ちょっとこれから出かけるので、留守をお願いします」と男に依頼して出かけてしまうのですが、女はひとつ重要なことを言い残すわけです。ある座敷について、それだけは決して見てはならないと。男はそれを承知するのですが、その部屋のことが気になって仕方がない。結局、誘惑に負け、禁を犯して部屋を覗いてしまいます。中に何があるかは少しずつ話によって違うのですが、男が部屋を覗いたことが、女が戻ったときに明確な痕跡によってわかってしまうわけです。そして女は、男が約束を守らなかったことをすごく悲しみながら去っていく、という話です。去るときに女は、そのままの場合もあるのですが、たいていは姿を変えます。一番多いパターンは、うぐいすやトビなどの鳥で、この本によれば鶏などという例もあるようです。

具体例として、岩手県の遠野地方の、〈うぐいすの里〉と名づけられた昔話が全文載っています。禁止を課せられた男は、それでもいろいろ部屋を見たくなります。ずっと見ていくと、すばらしい調度品などがあります。最後に一番重要そうな奥の部屋を開けると、そこには卵が三つあるのです。手に取ると、どういうわけか三つ連続で落として、全部だめにしてしまいます。それは後で考えてみればうぐいすの卵なのですが、女が戻ってくると、自分の子どもが全部壊れてしまっているわけです。それで嘆いて、うぐいすとなって去っていくのです。

これは非常にシンプルな物語ですが、ほとんどの類似の昔話は、この物語のある種のバリエーションなのです。

西洋の昔話との対比

これは日本じゅうで非常にたくさん採集されるタイプの昔話だそうですが、外国——主として西洋——にも同じようなお話があるかといえば、河合さんの分析によればあまりないそうです。少し厳密に言えば、「部屋を見てはいけない」というエピソードが入っている昔話や神話の類は、ヨーロッパにもあっても、それは日本の《見るなの座敷》とは非常に違っているということです。

日本の《見るなの座敷》では、「見るな」と禁止するのは必ず「おんな」です。そして必ず「おとこ」が禁を破る。部屋には色々きれいなものがあります。そして、約束を守らなかったからといって、「おとこ」に強いサンクション(sanction)＝罰が加わるわけではなくて、しいて罰といえば、きれいな女性が去ってしまうことです。この女性にちょっと気があったに違いないと、そう思われます。それに対して西洋バージョンでは、必ず男性のほうが禁じ、その禁止を破るのが女性なのです。そのなかにはたいてい、おぞましいもの——典型的には死体——が入っています。そして、禁止を破ったということで、厳罰が加えられます。たいてい死刑が宣告されます。ただ、昔話ですから、助ける別の男性が現れ女性を救うという結末です。

こうして見ると、西洋バージョンと日本バージョンでは、まったく裏返しと言ってもいいくらいに違います。ですから、きわめて鮮やかな対照になるのですが、僕はこの件に関しては、若干、河合さんのやり方に違和感を感じます。というのは、これは比較して適当だったのかということです。西洋バージョンのお話は、たいていは非常に長い話です。日本バージョンは、ものの二分くらいで終わってしまう。子どもに聞かせるとき、子どもから怒られるくらい簡単なお話なのですが、西洋バージョンでは、長いお話の中に、その部屋を見てはいけないお話が組み込まれているのです。一見同じモチーフであるがゆえに対比させたくなるのですが、僕は、ここで比較はしないほうがいいと思うのです。

日本の話は非常にシンプル、ベーシックでエレメンタリーなもので、「見るな」という禁止が物語の中心的な要素になっていますが、西洋のものは複雑な、起承転結の激しい物語で、しかも《見るなの部屋》はそのなかのひとつのエピソードに過ぎません。悪い夫によって窮地に陥った女がヒーローに救われるというところがポイントなのであって、部屋を見てしまうくだりは、女を窮地に落ち込ませるためにつくられた前段階です。日本の、見てはいけない部屋を見てしまったことによって女が去っていくお話とは、若干ポイントが違うのではないでしょうか。

何を「見てはいけない」のか

そこでいま、西洋版の《見るなの部屋》はいったん棚上げにして、一番シンプルな、日本バージョンの《見るなの座敷》の、「見てはいけない」という禁止について考えます。〝決定的なものは断じて見てほしくない〟という禁止は、昔話という前提は抜きにして、「おんな」とか「女性」というものを非常に強く特徴づける命題ではないかと思うのです。

これは、それほど複雑なことを言っているわけではありません。偏見ではないかと誤解されるので挙げにくい例ですが、例えば、僕らは裸を見られるのを嫌がります。なかには見せたい人もいますが、それは屈折して見せたいわけで、普通は裸を見ないでほしいから、みんな服を着るわけです。だから、「わたしの体を見るな」の禁止は、皆、わかっているわけです。衣服は、いわば〝見るなの禁止〟の実体化です。その、見てはならないとされている体は、どちらかといえば女性のほうに強くあって、つまり、見てはいけないとされる対象は、男性の身体以上に女性の身体なのです。ですから、何か決定的なものに関して、それを見てはならないという禁止は、いわば女性というものの非常に重要な特徴なのです。「見るな」の禁止が、女性の身体のほうが男性の身体よりも圧倒的に強くかかるのです。

逆に言うと、裸を見られるということは、それだけでもかなり暴力的な侵犯行為です。ですから特別な人――つまり配偶者や恋人――にだけ裸を見せるわけです。そこで、この〝見るなの禁止〟は、とりあえず西洋の話は置いておいて、むしろ一般論として、おんながおんなであるということ、あるいは〈女性性〉というものと深くかかわっている基本的な命令だということを頭に置いておいてほしいのです。河合隼雄さんの『昔話と日本人の心』は、この「おんなのおんなたるゆえん」のエッセンスを一番圧縮した昔話から入っているわけで、そういう意味で、僕は非常にセンスのあるスタートだと思います。

そうすると、実際のところ、何を見てはいけないのでしょうか。あるいは、なぜ見てはいけないのでしょうか。《見るなの座敷》のなかには何かがあるのですが、それは見てはいけない。物語では「うぐいすの卵」であったりするわけですが、一種の心理的なメタファーですから、いったいそれは何のメタファーなのでしょう? 《見るなの座敷》のなかに入っているものはいったい何なのか? この本はそれをしっかりと見定めていく仕組みになっています。

西洋の宮廷愛

先ほど僕は、西洋バージョンの《見るなの部屋》のエピソードが入っている物語を取ってきて対応させるのは、ちょっといかがなものか、という話をしました。今度はそれを離れて、日本における《見るなの座敷》に対応する西洋的な現象を紹介します。河合隼雄さんの本には書かれていないことですが、ちょっと補助線として入れておきたいのです。

決定的なものを見てはいけないというのは、「おんなのおんなたるゆえんの部分」を見てはいけないということです。これに比較すべき西洋側の対応物として、中世のコートリー・ラブ(courtly love)=〈宮廷愛〉を出してみたいと思います。これは非常に比較して面白いのです。西洋の中世には、特定のパターンの〈宮廷愛〉が認証されたり、書かれたり、おそらく実際にもそれと大同小異の愛の関係がありました。ただ、多分に物語のほうは粉飾され美化されているとは思いますが。

　この〈宮廷愛〉は中世に非常に一般化し、典型的なパターンがあります。〈宮廷愛〉では、必ずナイト——中世封建社会の騎士の男性——が貴婦人を好きになります。そこで重要なことがひとつあって、必ず騎士よりも貴婦人のほうが身分が高いのです。その貴婦人は、身分の高い人と既に結婚しており、騎士と貴婦人の関係は必ず不倫です。騎士は貴婦人を純粋に好きになるのですが、貴婦人は、こいつはどうかと思うような性格の悪い人が多くて、騎士に無理難題を吹っかけてくる。けれども、騎士はそれに次々と対応していかなければならない。

　じつはこの〈宮廷愛〉には、重要な特徴がひとつあります。絶対的な条件といってもいいのですが、「二人は結ばれてはいけない」のです。つまり〈宮廷愛〉は絶対に成就しない。騎士の立場から言えば、思いを遂げて貴婦人と結ばれることにはならない。このことが、非常に重要なのです。

　たとえば〈宮廷愛〉の最も有名な『トリスタンとイゾルデ』という中世の物語は、非常に起伏に富んだおもしろいお話です（ちなみに〈宮廷愛〉については、ドニ・ド・ルージュモンという人の『愛について』という特に有名な本があって、これは実証的にいろいろ批判はされつつも、かなりすぐれた考察をしています）。『トリスタンとイゾルデ』を読んでいると、はっきりいって歯痒いです。トリスタンという騎士が、イゾルデという女性を好きになるのですが、イゾルデはマルクという王様の奥さんなのです。どう見ても、トリスタンが登場人物のなかで圧倒的に有能で強くて、素晴らしい。とくにマルク王などは全然だめな男で、トリスタンがその気になればいくらでも王を倒してイゾルデを取ることができる。もう取れそうなところまで来ているのに、彼はいつまで経っても決定機を逃し続ける。取れるのにわざわざ返しているという感じです。

なぜ西洋の《見るなの部屋》の話と比べるとおもしろいかというと、つまりこれは、セックスをはじめとする「最終的な結合」に至ってはいけないということなのです。「結ばれてはいけない」という〈宮廷愛〉の絶対的な禁止があるわけです。いわば、《見るなの座敷》の拡張バージョンです。つまり、おとこにとっての「なにか知らないけれども、見てはいけない、入ってはいけない、近づいてはならない」一番重要なものこそが《見るなの座敷》なのです。同様に〈宮廷愛〉でも、おとこはおんなに、究極的には踏み込んではいけない。そこに到達してはいけないのです。《見るなの座敷》は「見る」行為だけに限定していましたが、それをさらに一般化すれば、「おんなに近づくな」という命令になるわけです。ですから、〈宮廷愛〉の話はある意味で、〝見るなの禁止〟との比較に値する特徴をもっているのです。

さて、ここで宮廷における騎士と貴婦人の情熱的な恋愛と、《見るなの座敷》を比べてみましょう。〈宮廷愛〉のなかでは、絶対に結婚は成就しません。ところが、河合隼雄さんは『昔話と日本人の心』のなかで、〈宮廷愛〉よりもっとプリミティブな、民衆に伝わっている昔話について、繰り返しこういうことを言っているのです。西洋の昔話では、結婚は非常に重要な意味合いをもっていて、ヒーローが最終的に結婚するという場合が多く、結婚によってハッピー・エンドを迎える話が非常にたくさんあります。それに比べて日本の昔話は、概して結婚に無関心です。結婚が主題になっている話もあるものの、とにかく、あまり結婚してハッピー・エンドであるとか、そういうことに重要なウェイトがかかっていません。

日本の場合は「おんな」とはただすれ違うだけで、たぶん「おとこ」としては、ちょっと気があるぐらいに思っていたのでしょうが、「おんな」はあっという間に消えてしまい、「おとこ」もストーカーのように追いかけることもありません。このように、結婚には無頓着です。それに対してヨーロッパの昔話は、概して結婚を重視する傾向があります。ただ〈宮廷愛〉は、ヨーロッパの話ではあるけれども、例外的に、結婚には絶対に至らないお話なのです。

ところで、ヨーロッパの各地にある昔話は、結婚が主題になっています。ところが日本では結婚は主題にならない。〈宮廷愛〉も結婚をしない。そうすると、日本の昔話は、どちらかというと西洋の昔話よりも〈宮廷愛〉に似ているということになるのでしょうか。結婚が不発に終わるという点では同じですから、表面的に見ると、似ているのではないかと結論したくなるのですが、普通に読めば、そう簡単にはいきません。

つまり、結婚に至らないからといって、日本の昔話に似ているなどと考えたら大間違いなのです。なぜかというと、『トリスタンとイゾルデ』にしても、一般の〈宮廷愛〉においても、常に二人は「結ばれることを熱望している」わけです。にもかかわらず成就しない。つまり〈宮廷愛〉では、結婚に至らないにもかかわらず、結婚への欲望は猛烈にもっているということが重要なのです。それに対して日本の昔話は、《見るなの座敷》に限らず、多くの日本の昔話は、概して結婚に無頓着です。「どちらかといえばしたいけれど……」くらいで、結婚に対して情熱が乏しい感じなのです。ですから、結婚ができないというだけで日本の話に似ているとは到底言えないのです。

2　禁止のトリック

さて、そうすると、当然ひとつの疑問が湧いてきます。そこまで結ばれることを欲しているのに、なぜそれが、かくも厳しく禁じられているのだろうか？〈宮廷愛〉において、絶対に結ばれることが回避されるのはなぜだろうか？ここではたらいている心のメカニズムはいったい何なのだろうか？ということです。

これについてはうまく説明できるかわかりません。説明じたいは簡単なのですが、どうしてそう考えるかという経緯を説明するのが難しいのです。ここで、ひとつ仮説を提示しておきます。「このような絶対的な強い禁止というのは、いわば自分の心に心が仕掛けている、一種の詐欺的な罠ではないか」という仮説です。

恋愛でなくてもいいのですが、たとえばここに大きな衝立があって、「この先には絶対入ってはいけない！」という強い警告が書いてあるとします。そうすると僕らは、「その先にはよほど重要なものがあるに違いない」と思うわけです。禁止を課すと、本当は何もなくても、向こう側に大事なものがあるかのように見えてくるわけです。

あるいは、不可能なことを禁止されると、僕らは「それは本来可能なことなのに、禁止されているからできないだけだ」と考えてしまうのです。またあるいは、存在しないのだけれども、「それが手に入らないのは禁止されているからだ」と思い、存在しないからだと思わずに済む。つまり、〝禁止〟という手法は、非存在を存在に変えたり、不可能を可能に変えるトリックになりうるのです。

本当は不可能なことを可能であるかのように見せるには、どうしたらいいか。禁止すればいいのです。〈宮廷愛〉では、ある意味で真の女と結びつくことは、本来は不可能なのです。しかし〝禁止〟をつけることで、可能なことなのにできないと思うようになったわけです。

そうすると、ここで問題にしたいのは、「結びつくことができない、本来的に存在しない〝おんな〟なるものは、いったい何なのか？」ということです。〝禁止〟によっていかにも存在しているかのように見せかけなければいけない、この「本来的に不可能なもの」とは何なのでしょうか。

そのことを考えるのに、〈宮廷愛〉から、今度はもういちど日本の昔話に立ち返ってみたいと思います。つまり、〈宮廷愛〉の物語のなかで隠されているものが何であるかということを、僕の考えでは、日本の昔話は、いともあっさりと教えてくれるのです。〈宮廷愛〉における「セックスの禁止」に対応するのは、《見るなの座敷》の「見るな」です。禁止が入っているわけです。何かというのは、ここに対応するのです。この何かを探し当てるための旅が、いわば『昔話と日本人の心』という本のひとつの隠れた筋になっていて、それが色々なかたちで出てくるわけです。

飯くわぬ女

ひとつは《見るなの座敷》の転形版ともいえる、これも非常に有名な〈飯くわぬ女〉という物語です。これは、見てはいけない女性を見てしまうお話なのです。「もの食わぬおんなは、じつは何でも食うおんなだった」というのがこのお話のオチです。主人公は、だいたいは少し結婚適齢期を超えているけれども、あまり結婚への意欲をもっていない四十歳ぐらいのおとこです。そのおとこは、「何も食べない、金のかからないおんなだったら嫁に取ってもいい」などと調子のいいことをいつも言っているわけです。あるとき、彼のところに美しい女性が訪ねてきます。その女性は、自分は何も食べないから結婚してくれと言う。これは願ってもないことで、望みどおりの嫁を獲得するわけです。〈宮廷愛〉においては、男は女と結ばれることを熱望しているのに絶対に果たせませんが、〈飯食わぬ女〉では、男は結婚に対して非常に消極的なのに、簡単に結婚できてしまうのです。

この「食べない」ということに考察を加えておきましょう。河合隼雄さんもそれに近いことを書いていますけれども、「食」は、人間が外界にかかわるときの一番基本的なことです。ですから、「食」という一番基本的な関係すら外界と取り結ばないということは、ある意味では「外と一切関係をもたない」ということになるわけです。何かが存在しているというのは、他のものと関わっていることこそを意味しているわけですから、外のものと一切かかわりのない――食べない――おんなというのは、いわば「存在しないおんな」だと、形而上学的にはそのように言っても言い過ぎではないと思います。

ともかく、ものを食わないおんなを、おとこは嫁にします。このあとが大事なのですが、おとこは友だちの忠告などによって、おんなに少し疑惑を抱くのです。そしてある日、出かけるふりをして密かに家に戻り、おんなが一人で部屋にいるところを覗き込むわけです。これは《見るなの座敷》の部屋を覗くのと同じ状態です。すると、そこに驚くべき光景が展開します。なにも食わないおんなが、何もかも食っていたのです。

この本では広島県安芸郡のお話が引用されていますけれども、おんなが髪の毛をパサッとほぐすと、頭の上には大きな口が開いていて、おんなはそこに大量の握り飯や焼き魚などをどんどん投げ込んで食べていたのです。嫁にしたおんなは、きれいなもの食わぬおんなではなく、山姥で、このあと、このおんなから追いかけられて逃げたり、何とか辛うじて助かったり、というような話が続くわけです。つまり、このお話では、この「何もかも食べてしまうおんな」が〝見るな〟の対象だったのです。

河合隼雄さんはこれについて、グレート・マザー、原初的な母なるものには二重性があるとおっしゃっています。ポジティブな側面と、脅威になるネガティブな側面という二重性です。だから、きれいなおんなに見えたものがじつは山姥だったという二重性は、このグレート・マザーがもっている「慈愛」と「脅威」の二重性に対応していると分析されています。先ほどのお話では、おんなが髪の毛をほどくと、そこにでっかい口が開いているわけです。想像するだけでも恐ろしい光景です。

先ほど、「〝見るな〟とされる対象の典型は、おんなの裸である」と言いましたけれども、考えてみると、人間にとっては裸でさえも、まだ真の裸ではないと思うのです。僕らは、じつは皮膚の下にいろんな内臓があったり、血が流れたり、血管があったり、ある意味おぞましいいろんなものがあることを知っています。しかし、皮膚を見るときに、その向こう側にそういう、怖いどろどろしたものがあることに対する判断を停止するわけです。つまり、裸を見ているときには、皮膚の下に隠れているものについて想像したり、見ようとしたりしない。現に見えない。ということは、ある意味で、皮膚でさえも、ある種の服なのです。一番おぞましいものを隠すために使われている、肉に着る最後の服であるという感じがするのです。そうすると、皮膚に開いて体の中まで見えてしまう大きな口は、普通の意味での裸のさらに奥にある身体の内部まで露出してしまう、もっとおぞましい「裸以上の裸」というイメージを僕はもつのです。

また、先ほど「何も食べないということは、いわば人間の外界に対するミニマムな関係すらもたないということだから、人間として、あるいは生物として、存在していないに等しい」と言いました。それでは、何もかも食べるおんなはどうでしょう。何もかも食べるおんなも、やはりある意味で、存在の否定だと僕は思うのです。存在するということは、外と内とを分けることです。つまり、自分に成りきれるものと成りきれないものとのあいだに〝境界線〟があるから存在する。何もかも食べてしまって、自分のなかにすべてを飲み込んでしまうものというのは、自分の内と外とを分ける〝境界線〟をもたないわけだから、やはりひとつの「無」というか、「存在しないもの」と言ってよいと思うのです。

〈宮廷愛〉が、「禁止」の設定によって、否定的にその存在を暗示しているもの、それこそ、何もかも食うおんななのではないか。そういう仮説を立ててみます。そのおんなのあり方を、日本の昔話にそって——ということは河合隼雄さんの分析にそって——もう少し見ておきましょう。

河合隼雄さんによれば、「もの食わぬおんな」のさまざまなバージョンには、この山姥がじつはクモであったという話がたくさんあるそうです。クモは網をかけて獲物を引き込むわけですから、山姥のように「いろんなものを自分のなかに取り込んで食べてしまう」という比喩にもつながってきますけれども、同時に、クモは糸を紡ぎます。クモの糸は、織物へと連想を導きます。紡ぐのは「運命」という織物かもしれない。「もの食わぬおんな」というのは、じつは、「糸を紡ぐおんな」でもあるのです。

3 異類との交わり

このように考えると、このお話は、もうひとつの日本の昔話の類型と関係してきます。それは、河合隼雄さんの本のなかでもひとつのハイライトとなる、《異類婚》という類型です。人間以外の動物と結婚する異類女房譚というタイプのお話と関係があるのです。《異類婚》の話は、河合さん的な観点からすると、日本の昔話としては若干珍しいと言わざるを得ません。なぜかというと、日本の昔話は概して、結婚というものを重要な主題にしていないのですが、異類婚だけは、結婚が非常に重要な話題になるのです。

では、この「動物の奥さんをもらう」というお話は、結婚が話題になるくらいだから、ヨーロッパの昔話に似ているのでしょうか。ところがそれが、まったく違うのです。この《異類婚》こそ、この本に載っているもののなかで最も日本的で、日本とその近隣にしかない、きわめて特異な、ヨーロッパにまったく見られないタイプのお話なのです。

鶴女房

《異類婚》としては、たとえば木下順二の『夕鶴』――「鶴女房」という昔話をアレンジしたもの――が非常によく知られています。この話は、男が何かの理由でたまたまツルを助けた話で、浦島太郎と同じですね。ただ、僕は、このツルを男が助けたという部分は、後世のつけ足しである可能性が高いような気がしています。つまり、一番バージョンの古い、シンプルなものは、ちょうど先ほどの山姥の話と同じで、あるいは、「うぐいすの里」と同じで、おんなが理由もなくおとこのところへ来たのではないかと思うのです。けれども、なぜ来たのかということになると、訪ねてきた理由をつくらなければいけないので、昔いいことをしてやったという話、ちょっと仏教説話的な因果応報の話をつけたのではないでしょうか。ただしこのあたりは、実証的な根拠がないので置いておきます。

「鶴女房」では最初、主人公のおとこがツルを助けます。その晩に、きれいなおんながやって来ます。そのときはぜんぜんツルだとわからないのですが、とにかく、おんながいきなり結婚を申し込むわけです。おとことしては、こういうきれいな人にいきなり申し込まれる話が非常に多いわけですが、最初は「いくらなんでもあんたみたいなきれいな人は」などと言いつつも、おんながぜひともということなので、結局受け入れます。

しばらくすると、おんなが部屋の奥に閉じこもって「けっして戸を開けないでくれ」と言います。これで例の《見るなの座敷》の話になるわけです。そして二、三日すると、おんなは——先ほどのクモのことを思い出してほしいのですが——織物を織って出て来ます。それで「これは高く売れるから」「殿様に持っていったらお金になるから」とか指示します。実際、きわめて高い値段で売れるのです。ここでやめておけばいいのですが、おとこととしては、もうちょっと欲しくなったり、もうひとつなければ困る事情が生じたりして、おんなにもう一度つくってくれと頼むわけです。

おんなは少したじろぎますが、承知します。ただし、また「見てはいけない」と言って奥の部屋に閉じこもります。ここで、おとこは我慢ができなくなって部屋を見てしまうのですが、そこにはツルがいて、自分の羽根を剝いで織物にしているわけです。この羽根を剝ぐというのが、皮膚を剝いで、内側まで見せてしまうという感じがします。そしておんなは、恥ずかしい姿を見られてしまったからと言って、家を出るのです。おとこがこのとき、ちっとも止めないところがすごいですね。

河合隼雄さんの本には、鹿児島県の薩摩郡というところの「鶴女房」の話が全文載っています。おんなが去ったあと、この薩摩のおとこの場合は普通のおとこよりは粘り強さがあって、去った奥さんを、全国津々浦々、歩きながら捜し回ります。どういうわけか見つかって、かつての奥さん、実際のツルに会うのです。そのツルは、もう全部羽根が抜けて素っ裸になっているわけです。ツルの王様でみんなに囲まれているんだけれども、せっかく再会したら、もう一回関係を取り戻せばいいのに、どういうわけか、おとこはまた帰って行ってしまいます。

さて、もうおわかりのように、この異類女房のお話も、最初の《見るなの座敷》の非常にシンプルな拡張版です。考えてみると、《見るなの座敷》でも、女は立ち去るときにうぐいすなど鳥に変わる場合が多いのです。つまり、「〝見るな〟の核心にいたおんなが、じつは鳥だった」という話は、けっこうあるのです。

この話は非常に日本的で、ヨーロッパには本来、動物と結婚する話はほとんどありません。たまにある動物と結婚する話は、たいてい、典型的には「美女と野獣」です。美女は野獣と結婚せざるを得ないのですが、じつは野獣は人間の仮の姿なのです。つまり、本性は人間のほうに置いてあるのです。ヨーロッパの場合だいたい、人間だった人が魔法か何かによって動物にされていて、その魔法を解くには愛が必要だと。そして結婚して、おんなとの愛の関係が成立した途端に人間に戻るのです。ですから、結果的には、動物と結婚しなくて済むのです。

そうすると、〝見るな〟をはじめとしてすべての〝禁止〟の対象になっていたものは何なのか。つまり、「おんなのおんなたるゆえん」は何なのか。この動物と結婚する話が如実に示しているように、いわば人間ではないもの、異類こそが、究極の〝禁忌〟の対象になっています。つまり、おんなには、ツルとかクモとか、人間というものの定義をどこか超える部分があると。人間というものをどこか超えていく何かがあるのです。その何かが「究極の禁止」の対象になっているのではないかと考えられます。

西洋と日本とを比べると、西洋は、この「究極の禁止」の対象を見えなくするために〝禁止〟を余儀なくされています。日本は、禁止されているものを、あっけらかんとわかりやすくお話にして示してくれています。「おんなには、どこか人間を超えたものがある」というイメージです。ですから、人間どうしの関係であれば可能だけれども、人間を超えたものとの関係は不可能だったと。関係が不可能だということを隠蔽するために禁止をかけるという構造です。

4　受動的な対象としての女

おとこは日本の昔話では、〝見るな〟の約束を破って、おんなの恥ずかしい姿を見てしまいます。おんなは「裸以上の裸」つまり動物としての側面のようなものを見せてしまう。そうして、おんなは恥ずかしくて去って行く。こういう状況を河合隼雄さんは、日本人のいう〈あわれ〉ではないかと分析しています。この〈あわれ〉というのは、見た人がそう感じるわけです。あるいは、僕らが第三者としてこの話を聞いたときに、「おんなは、あわれだな」と思うわけですが、その〈あわれ〉な状況に置かれた女自身がその気持を内面化すると、「うらみ」や「怒り」などの感情へと転化していくのです。

そして、ここまでのお話は、常に女は受動的な、パッシブ(passive)な対象なのです。本論では、「女の主体性がどのように出てくるのか」ということをテーマにしています。なぜかというと、河合隼雄さんの本が、全体としてそういうことをテーマとして捉えているわけです。ということで、最終的には同じところに到達するのですが、ルートを変えつつ話を進めていきたいと思います。

女の憂鬱

ここで、〈宮廷愛〉よりももっと意外な補助線を入れてみましょう。これは、さきほどの、おんなのあわれ、「うらみ」「怒り」といった負の感情に少し関係があるのですが、〈女の憂鬱〉というお話です。それを一般的に考えたいわけではなく、ある特定の例を引きつつなぎに使いたいと思います。〈女の憂鬱〉、英語では「フェミニン・ディプレッション(feminine depression)」です。デイヴィッド・リンチ(David Keith Lynch)という有名な映画監督がいます。好きな人は好きですが、そうでない人は正視に堪えないというような、マニアックな作品で知られています。彼の映画について、ミシェル・シオン(Michel Chion)というフランスの、映画や映画音楽の専門家が『デイヴィッド・リンチ』という本を書いていて、そのなかで、リンチの映画における女の憂鬱について論じています。この部分が非常に面白いのです。

ミシェル・シオンは、リンチの映画で、「結果には必ず原因がある」というごく当たり前のつながりのなかに、なにか微妙な違和感が存在するのが特徴であると言っています。少し具体的に説明すると、たとえば、おとことおんなで一番この乖離がはっきりするのは、性の関係においてであると。つまりセクシュアル・インターコース(sexual intercourse)とか、セクシュアル・リレーション(sexual relation)。性の関係において、アクションとリアクションのあいだに、なにか攪乱要因が入る感じがすると。おんながセックスにおいて何らかの快楽を得るのはリアクションです。このリアクションは、おとこのおんなに対する愛撫などの行為の結果であると見ると、おんなの快楽はすべておとこの行為の結果として解釈できます。にもかかわらず、なにか、結果となる快楽のほうには、原因となる行為に全部回収しきれないプラス・アルファがある気分がする。このことが、違和感があるということなのです。

では、何がプラス・アルファなのかと聞かれると、それは言いにくい。たとえば、おんながいろんなところで快感を覚えています。そのときの快感には、すべてそれに対応するおとこの行為や言葉があるわけです。だから、おんなの快楽のどの要素を見ても、おとこの行為のなかに説明できる対応物があるので、説明できないプラス・アルファがあるわけではないのです。しかし、こうして全部対応していても、何か物足りない感じがする。何が物足りないのか。それは、このように考えるといいのです。

たとえば、あるとき、どこか愛撫されると気持がいい。けれども、同じことをやって、すごく感じる日もあれば、ぜんぜん感じない日もある。つまり、おんなのほうは予想外の反応をするのです。同じことをやっているのに、確かに別の反応をするということは、アクションによっては説明できない何かがあるということです。それをやったら必ず同じ快感が引き出せるわけではないのです。そうすると、原因と結果は確かに因果関係で結ばれているのに、リアクション側に、アクションで説明できない何かがある気分がする。このようなコーザリティ(causality)というか、因果関係のなかにある、ある違和感というかギャップのようなものが、リンチの映画のいたるところに出てくるというのが、ミシェル・シオンのひとつの重要な主張なのです。

そして、この行為と反応、原因と結果の間の微妙な不整合が最も大きくなるのが、リンチの映画においては「女の憂鬱」(という結果)においてなのです。そのことを、リンチの映画のなかでも最も有名なシーンで説明します。それは『ブルーベルベット』という、これもいろいろ賛否両論分かれた映画に出てきます。筋を知る必要はなくて、このシーンだけ知っていればいいのですが、十八歳以下絶対禁止みたいな場面です。ドロシーというおんなを、イザベラ・ロッセリーニという、映画監督のロッセリーニの娘さんがすごく官能的に演じています。映画の中で最も重要な役割を担う運命のおんなです。問題のシーンは、ドロシーを、デニス・ホッパー扮するフランクという男が、ほとんど暴力的に犯す場面です。

このときのドロシーの精神状態は、深い悲しみと、鬱と、感傷的な気分に満ちています。これには明確な原因があります。つまりドロシーは、実は夫も子どももいるのですが、彼らはフランクによって誘拐され捕らえられており、しかも、夫の片方の耳を切り取られて道に捨てられたりしているのです。夫と子どもが奪われたうえに、夫はフランクによっていたく傷つけられているという状況で、フランクに脅迫され、強要されて、望まぬ性行為を強いられているのです。かつ、じつはこの映画の主人公はジェフリーという大学生で、ジェフリーがクローゼットに隠れてこの二人のセックスを密かに眺めているのです。ジェフリーも、本当はドロシーのことが好きだということで、ジェフリーが《見るなの座敷》を覗いているような状態です。

まわり道が長くなりましたが、要は、リンチの映画のなかで、原因と結果、アクションとリアクションのあいだの対応になにか違和感が残る、その典型が「ディプレッション」なのです。つまり、ドロシーが鬱的な気持になっている。その原因はフランクの行為にあるわけです。フランクはドロシーの家族を誘拐してしまったうえに、ドロシーを強姦までしている。ドロシーが鬱的な気持になるすべての理由は、フランクの行為のほうにある。全部行為によって、その人の心の反応は説明できるように見えるけれども、なにか腑に落ちないところがあるのです。よくよく見ると、この映画は、かなり倒錯的な設定です。最初のうちはわからないのですが、じつはフランクは性的に不能で、本当はセックスなどあまりしたくないにもかかわらず、わざわざ強姦ごっこをしているのです。それはなぜなのか。原因だけでは起きている結果を全部説明できない気分になるだろうと、ミシェル・シオンは言っているのです。

5　女はいかにして主体性を獲得するのか

さて、これがいったい日本の昔話とどういう関係があるのでしょうか。また、先ほど

〈宮廷愛〉の話がありました。そして、その謎解きのために〈異類婚〉の話があって、今度は、デイヴィッド・リンチの映画の話です。このリンチの映画で、「因果関係がもうひとつ説明しきれない」気分になる、その理由が、なぜか河合隼雄さんの『昔話と日本人の心』を読むとわかってくるのです。なぜでしょうか。

鬼が笑う

ここで、もうひとつ新しい昔話を分析します。この本の前半に「鬼が笑う」というエピソードを含む昔話が出てきます。このお話では、結婚の輿入れの最中に、娘が鬼に奪われてしまいます。大事な娘を奪われたお母さんは半狂乱になって、鬼から娘を取り返しにいきます。つまり、母が娘を奪還するお話です。

終盤のシーンで、お母さんは、鬼のところへ行って娘と出会い、一緒に船に乗って脱出します。そのときにもう一人、なぜかトリックスター的な助け手の尼僧がいて、三人ともおんなです。その三人が鬼たちをうまくだますわけですが、鬼たちが途中で気がついて、船を何とか呼び戻そうとします。鬼たちは、川の水をみんなでがぶがぶ、猛烈な勢いで飲みます。すると、水がだんだん引いて、船がどんどん戻ってしまいます。そのとき尼僧が、「何をぐずぐずしてるのよ。あの手を使いましょう」ということで、三人とも着物の腰紐を解いて、鬼に向かって女性器を露出します。すると、鬼たちは、思わず吹き出してしまいます。水をがぶがぶ飲んで、みんな太鼓腹のように膨らんでいるところへ、急に笑い出したので、水がどっと吹き出すわけです。それで逃げられるというお話です。

このお話の全体の筋はともかく、性器を露出することによって「鬼が笑う」というエピソードが非常に面白い。『昔話と日本人の心』のなかでは、性器を露出させて男を笑わせるお話がいくつか出てきます。ギリシャ神話にもそれらしい部分があるということで、かなり丁寧に調べておられます。

一番はっきり出てくるのは『日本書紀』の非常に有名な神話です。天石窟戸《あまのいわやと》というところに天照大神《あまてらすおおみかみ》が隠れてしまいます。そのときに、何とか呼び戻そうと、天鈿女《あめのうずめ》という女神様が、裸踊りをして性器を見せます。そうすると、神々がどっと笑い出し、天照大神が、いったいどういうことだと出てくるのです。

このお話は、じつは《見るなの座敷》以来のお話の延長線上に位置づけられるエピソードなのです。つまり、〝見るな〟のいわば原形は、女性器です。いまでもそうですが、一番〝見るな〟が強く作用するわけです。その、「見てはいけないものをわざと見せる」のが、この性器を露出する場面です。本来なら〝見るな〟というそれを、わざと見せる。わざと見せると何が起きるかというと、おとこが笑うわけです。

ここにどのようなおもしろさがあるかというと、〝見るな〟とただ隠している場合には、おとこのほうがおんなにはたらきかけ、見ようとします。でも、おんなはただ拒絶するだけです。この場合、おとこのほうが、見るのを我慢したり、あるいは無理して突き破るなどして見ている。おとこの側がアクションで、おんなの側は受け手に回るという構造です。しかし、おんなが女性器を露出させておとこの笑いを誘発するときには、この因果関係がいわば逆転しているわけです。つまり、おとこがおんなの何かを見て笑うという構造なのですが、このおとこが笑うことじたいを誘発したのは、おんなが露出させたからです。

女の主体性

単に〝見るな〟と禁止しているあいだは、おとこが見ようとし、おんなはそれを防ごうとします。けれども時には、おとこはそれを突き破り、見てはいけない部屋のドアを開けるというように、男性側にアクションがあって、女性側にリアクションがあります。ところが、性器を露出するときには、確かにここだけ見ると、「おんなの性器を見て男が笑っている」という関係、つまりおとこの方に見るという主体性があっておんなが見られる対象になるという関係があるわけですが、この関係じたいを誰が設定したかというと、性器を露出させるというおんなの行為です。「おとこが見て、おんなが見られる」という因果関係じたいを、おんなが、性器を露出させる行為でつくり出しているという構造になっているわけです。

図示すると、こうなります。まずおとこの行為が原因となり、おんながその作用を受けるという因果関係があります。それを次のように示しましょう。

おとこ（見て笑う）　↓　おんな（見られる）

しかし、この〔おとこ↓おんな〕の因果関係自体を、受動的な対象となっているおんなの身体（性器）によって、つくりだされているのです。つまり、〔見る－見られる〕という関係自体が、女の「見せる」という行為によって構成されているわけです。それを次のように表示しましょう。

〔おとこ　↓　おんな〕　↑　おんな

そうすると、だんだん話が複雑になってくるのですが、先ほどのデイヴィッド・リンチの映画の、どこにポイントがあったのかということが、これで少しわかってきます。つまり、おとこがはたらきかけ、それが対象になっている、その因果関係自体をおんなの側が設定しているという構造です。ここではひとつの「おとこからおんなへ」の因果関係があるのですが、じつは、その外に漏れるもうひとつのプラス・アルファがあります。この因果関係そのものを成り立たせようとする行為です(前頁二つ目の図の「↑おんな」に対応するもの)。先ほど、僕らは、フランクの暴力的な行為がドロシーの憂鬱を引き起こしていると解釈しました。これだけだと〔おとこ↓おんな〕の因果関係だけです。しかし、実は、ドロシーが憂鬱に沈んでいるがゆえに、フランクは「彼女の体から性的な快楽を引きだしたい」「彼女の体をチャージしたい」という欲求に駆られているのです。つまり、ドロシーがもっているディプレッシングな態度がフランクのアクションをつくり上げているという構造になっているのです。本当はこの〔おとこ(フランク)↓おんな(ドロシー)〕という因果関係じたいが、ドロシーの憂鬱によって設定されるという構造です。ですから、行為だけ見ていると、すべて因果関係が説明できているように見えるけれども、その因果関係を外から設定する作用が、おんなの側から出てくるようにもとれるのです。

ポイントのひとつは、ここなのです。つまり、僕の考えでは、もしあえて「おんなの」とつけるに値するような主体性があるとすれば、この点です。つまり、自分を相手に対してパッシブな対象としてさらけ出すことで、アクションとリアクションの関係じたいをつくり出す。自分を他人の——おとこの——前に自分のたとえば性器をさらけ出すことで、「それを笑う」という関係をつくり出す。自分のパッシブな身体をさらけ出すことで、自分の身体にかかわってくるような因果関係を外からつくり出すという構造です。それが、おんなの主体性ということではないでしょうか。

つまり、わざとディプレッシブに体を投げ出すこと、つまり、不感症の体みたいなものを投げ出すことが、逆に一番主体的でアクティブな行為になる。パッシブなことがアクティブにも変化する。なぜかというと、自分のパッシブな姿をさらけ出すことが、相手のアクティブな行動を誘発するからなのです。この、いわばアクションとリアクションの因果関係をつくり出す主体性こそが、おんなの主体性だと考えたいわけです。これは、因果関係そのものを構成する主体性ですから、最も純粋な自由だと言えます。

手なし娘

〈手なし娘〉のお話は、『昔話と日本人の心』に出てくる昔話のなかで唯一、日本と西洋にほとんど同じタイプの話が見つかるお話です。ほかの昔話は、むしろ西洋と日本との違いが目立つわけですが、この昔話だけは、ちょっと同じすぎる、もしかしたら伝播しただけではないかという疑いを河合隼雄さん自身ももっているように、非常によく似たお話が出てきます。『グリム童話』にもまったく同じようなお話があります。この昔話は、なかなか起伏に富んだ長いお話で、丁寧に分析すると色々おもしろいことがあるのですが、今日はそのことは全部端折って、一点だけはっきりさせておきたいと思います。

この〈手なし娘〉の主人公の女は、何かの事情で両腕を切断されてしまい、森をさまよい歩くことになります。ところが、やがてお殿様とかお金持ちとか、立派な男が彼女を見いだして愛し合うのです。途中でいろいろと妨害が入ったりもしますが、結果的には結ばれる。結ばれることによって、なぜか奇跡的に失われた手がまた生えてくるというお話です。これはヨーロッパにもほとんど同じようなお話があるわけです。

この〈手なし娘〉の話は、これまでの線で理解できます。「手がない」ということは、人間として「外に対して能動的な活動ができない」ということです。いわば純粋にパッシブな身体になってしまう。しかしそのパッシブな身体が、おとこの能動性を引き出すわけです。ということは、逆に手がないことこそ、むしろ真にアクティブなことではないでしょうか。それを寓話的に表現すると、手のない娘に最後に手が戻ってくるというお話になるわけです。

6 穴底の三位一体

さて、《見るなの座敷》の見てはならない空間のなかにいったい何があるのか？ という問いは何度も出てきました。そこには、もしかしたら山姥がいるかもしれず、あるいはツルがいるかもしれずと、いろんな話があるわけです。この《見るなの座敷》に対応するものについて、河合さんの本の最後のほうに重要な話が出てきます。そこで、《見るなの座敷》にどのような構造があるかが解明されるのです。それが〈火男の話〉という昔話です。

火男の話

主人公はたいてい高齢の男性です。おじいさんが、だいたい何か、大きな穴のようなところに出会います。そのときにおじいさんは、意図的な場合もあるし、そうでない場合もあるのですが、その穴にけっこう大事なものを入れます。たとえば、穴が開いていると「これはいかんな。ふさいでおかなきゃ」と、持っている柴などを入れる。意外に穴が大きくて、結果的に全部入れてしまいます。そうすると、本人は穴を埋めようと思ってやっているのですが、じつは穴の中に人がいるのです。つまり、おじいさんは、意図せざるかたちで穴の中に何かを供与しているわけです。

この穴の向こう側こそ、いわば《見るなの座敷》なのです。この穴に、気がつかないあいだにいろんなものを与えてしまう。気がつく場合もあります。なにかお供えしようと思って、とにかく穴の向こう側に良いものを与えます。すると、中の人から、お礼に穴の中に招かれます。そこには奇妙な三人組がいるわけです。これがなかでも僕は一番おもしろい部分だと思うのですが、その三人組は必ず、美女と、老人と、醜い少年――ヒョットコ(火男)――という組み合わせになっています。この三人の関係はいったい何なのでしょうか。

河合隼雄さんは、「この三人は、ちょうどキリスト教において、神と、神の子キリスト、そして聖霊が三位一体であったのと同じように、日本の昔話の三位一体でないか」という仮説を立てています。ご存じのように、ユングも三位一体についていろいろ書いていますが、それにさらに四つ目の悪魔を入れたりしていますね。三位一体のポイントは、同一実体の三つの位格です。つまり、神、神の子キリスト、そして聖霊は、ぜんぜん違って見えるが厳密には同じものであるということです。それと同様に、美女と、醜い少年と、老人は、じつは同じものではないかというわけです。

まず醜い、見るもおぞましい少年がいます。見ることが禁止され、見ることができない対象です。つまりこの空間は、おんなにかかわる空間です。その空間は、ある意味では見てはならない空間であり、そこには動物がいたり、山姥がいたりする。あるいは、女性器や裸があったりする。見てはならない、おぞましい空間だという部分をイメージすれば、見るに堪えない醜い少年というイメージをつくることができるのです。

老人のほうは難しくて、これは僕は次のように解釈しました。先ほど、〈おんなの主体性〉の話がありましたが、「老人」は〈おんなの主体性〉のひとつのイメージではないかと思うのです。〈おんなの主体性〉というのは、女性が元気に動いているということだけではなくて、女性がいわばイニシアチブを握って、あえて自分の体を受動的な対象としてさらけ出すことです。因果関係そのものをつくり出す、ということでした。

つまり〈おんなの主体性〉というのは「おとこ――他者――の主体性を引き出す」主体性なのです。たとえば、フランクの激しい性的行為を引き出すのが、ドロシーの主体性です。あるいは、鬼たちの笑いを引き出すのが、性器を見せた母親たちの主体性です。その〈おんなの主体性〉にひとつのイメージを与えたものが、他者には呼びかけることはあるけれども自分自身は活動的には動かない、「老人」のイメージではないかと思うわけです。

この解釈をサポートする事実として、この本から例を出しておこうと思います。この本の最終章は、それこそ〈おんなの主体性〉ということがテーマになって、みずから意図的に、意識的に動く女性の話です。それまでの女性はたいてい一生懸命いろいろやっているときも、誰かに仕えるとか、何かどこかで他人に従っていたのですが、最終章で初めて、日本の昔話には珍しい、女性が自分から動き出すお話を分析しているのです。

炭焼長者

それは、やはりよく知られた〈炭焼長者〉というお話です。登場するおんなは相当お金持ちの名門の出なのですが、あるお金持ちのおとこに嫁ぎます。おんなとしては、親に決められた結婚をしただけで、まったく意識的に動いていません。ところが、この相手のおとこが、金持ちでいい家柄なのですが、ぜんぜんだめな男なのです。そこで、おんなはこのおとこに愛想を尽かし、みずから縁を切って、別のおとこのほうに行くわけです。最初の結婚は決められたルートに乗ったものに過ぎないけれども、その関係を断って、わざわざ別のおとこと一緒になった。これは、おんなのいわば主体的な行動です。しかも、最初のおとこは金持ちでしたが、今度は炭焼きの貧乏人です。そして結婚したあと、このおとこに色々な運が回ってきて大金持ちになり、最初のおとこは逆に零落することになります。

ここで重要なのは、「おんなが、なぜこのおとこと結婚したのか」ということです。昔話のなかでは、最初のおとこと別れると、おんなは老人の神様の声を聞くわけです。その神様は、どこどこの炭焼きのおとこが、働き者だし善人である、みたいなことを言うわけです。それを聞いて、なるほどいいことを聞いたと、わざわざこのおとこのところに行って、結婚してくれと言うわけです。おとこは、いくら何でもちょっと身分が違いませんか、などと言うのですが、例によっておんなに押し切られるという、そういう構造なのです。

これは河合隼雄さんも同じように考えているのですが、この老人は、〈おんなの内なる主体性〉をいわば外化させたものなのです。じつは自分で判断して、いわば自分のなかの「内面的な老人」を外に投影して、その老人からのアドバイスとして受け入れているのです。この老人は〈おんなの意図的な行動〉を誘発させます。おんなが再婚すると、今度はこのおんながおとこを働かせます。そしてそのことによって、おとこは大金持ちになるのです。

さらに言えば、このおとこは炭焼きです。河合隼雄さんがこの本の最後で、ちょっとロマンチックに、この炭焼きのおとことは、一番最初の「うぐいすの里」「見るなの里」で、森の中に迷った樵夫のことではないかと示唆しています。その樵夫から、おんなは去っていったけれども、最後にもう一回戻ってきて、そして豊かな生活をするようになると、そんな話として読んではどうかということです。

7　「否定神学」と「肯定神学」

最後にもう一度まとめておきましょう。

西洋から取ってきた話をぜんぶ日本の昔話のほうに投げ返してみると、「おんなの憂鬱の謎」、〈宮廷愛〉の謎といったものが全部、いわば日本の昔話によって解明されるのです。なぜかというと、西洋のものには、その答えが書いていないからです。たとえば、

「宮廷愛において何が禁止されているのか、なぜアクセスできないのか」――その理由は、女性のなかに、人間になれない部分、いわば「非人間的な部分」としか言いようがないものがあり、その「非人間」性そのものに、いわば人間としての男性はアクセスできないからなのです。しかしそのことは、西洋の〈宮廷愛〉の物語には書かれておらず、ただ、到達できない男性の話が書いてあるだけなのです。

中世の神学には「否定神学」と「肯定神学」があります。「否定神学」というのは、神について語ろうとしても、神は人間の言語、あるいは評価を圧倒的に絶しているので、「神は何者である」とは言えない、というところから出てくるものです。神はあらゆる善を超えているとか、どんな善以上にも善であるなどと否定的には言えるけれども、「どのくらい善だ」とは言えない。このように、神については否定的にしか語ることができないのが「否定神学」です。それに対して「肯定神学」は、逆にストレートに、神についてポジティブに評価をつけられます。中世の神学は、「否定神学」のほうがより高尚な道だと考えていました。なぜかというと、神は言語を絶しているわけですから、ポジティブに語ることなど不可能だからです。

どちらが高尚かは別として、おんなについても同様の傾向があります。西洋の物語では、おんなについて否定神学的にしか語っていません。日本の話では、おんなはクモだった、ツルだった、山姥だった、という話があっさり出てきます。すると、おんなのなかにある「非人間」性が、日本の昔話のなかでは、いわば素朴に、ストレートに、声高に暴露される。それを何であるとも否定的にしか語らないのが西洋の常道なのです。ちょうど「否定神学」と「肯定神学」の関係に近いものが、おんなについての表現における西洋バージョンと日本バージョンとの関係にはあるのです。

大澤真幸（おおさわ　まさち）
一九五八年生まれ。東京大学大学院社会学研究科博士課程単位取得満期退学。社会学博士。現在、月刊個人思想誌『大澤真幸 THINKING「O」』刊行中。著書に『身体の比較社会学』（勁草書房）、『増補　虚構の時代の果て』（ちくま学芸文庫）、『性愛と資本主義』（青土社）、『ナショナリズムの由来』（講談社）、『不可能性の時代』（岩波新書）、『夢よりも深い覚醒へ』（岩波新書）、『〈世界史〉の哲学』（講談社）、『自由という牢獄』（岩波書店）など。

（これは、日本ユング心理学会が社会学者の大澤真幸を招いて「河合隼雄の日本社会論」という題で二〇一一年三月六日に東京で行ったシンポジウムの基調講演を主な内容としている。討論を含むシンポジウムの全体は、『ユング心理学研究第4巻　昔話と日本社会』創元社、二〇一二年に収録されている）

河合隼雄と言葉

養老孟司
（聞き手＝河合俊雄）

養老　河合さんの仕事については、あまりいい加減に書きたくないと思う一方、私の方も調べてみたいことがいくつかありました。

一つは脳についてです。河合さんは脳については、面と向かってはほとんど何も言われませんでした。もう一つは日本人論です。日本人論はある程度されているけれども、私が一番聞きたかったのは、戦争のことです。それもほとんど出ていません。恐らく両方ともしまっておられた。関心がないはずがないし、考えないはずがないけれども、あまり表に出ていない気がします。

河合　しまっていることは多かったです。

養老　そう思います。そこが面白かった。面白いというと表現が悪いけれど、察する、想像するという含みのある立ち位置だったと思います。ただ、それを表に出していいかどうかという問題もあります。

今の世の中を見ていると、特に人文社会系の研究者は、全部書いてしまう。言葉にしなければ業績にならないのは当たり前ですけれども、全部意識化しなければいけないという傾向が強いような気がします。

河合さんはそこのところが非常に抑制が利いていました。完全に意識していたかどうかは別として、書くものと抑えているものの仕分けが、恐らくあったと思うのです。その抑えられたことのなかに、戦争に関する記憶、脳研究について自分がどう思うかという本音があり、それはあまり言わない方がいいと。

その辺が気になっていました。でもそれはこちらが考えることなんですね、逆に言えば。

言葉をどう位置づけていたか

養老　これは何度か書きましたけれども、特に後になるほど気になってきたのは、河合さんが言葉をどう位置づけていたかです。臨床心理は基本的に言葉がかなり大きな役割を占める。特にフロイトの場合は、精神分析のかなりの部分は言語です。河合さんは当然、言語ではない面を重く見ている。実際に河合さんの顔を見て話を聞くと、話は全部言葉ですから、その言葉の空しさを非常によく知っていたのではないかと思ったのです。それであのウソツキの話があったのではないか(笑)。「私はウソツキだ」とのっけから言うのは、僕からすると、一種の言語の否定です。それと戦争がつながっている気がして仕方がない。自分がそうですから。

心理学でそういう社会的体験をどう考えるか。終戦体験は、個人的体験として捉えられているけれども、実は社会的体験です。そこをどう通ったかで、確かに戦後の思想界・言論界は分かれた。それをかなりきれいに書いたのは、内田樹さんの『昭和のエートス(1)』という本だと思っています。一方には、吉本隆明や江藤淳のようにある意味で終戦体験にこだわり続けた人がいる。もう一方は、歯牙にもかけていない、丸山眞男や加藤周一のような人。戦前からこの戦争は負けると思っていて、当然のことが起こったという感じで戦後を生きてきた。岩波書店は、そういう歴史でいくと、後者に属する。

河合 確かに。

養老 僕は小学校二年で終戦ですから、そういう世代より下ですけれども、ただ非常に影響が大きかったのが今になってわかります。だから河合さんに影響がなかったはずがない。

別な言い方をすると、直接河合さんに会って個人的に話している時は、そういうことに一切触れる必要がなかった。暗黙の了解として通していく。触れると色々な反応が返ってきたりして、それは聞く方も話す方も疲れます。

しかしかなり関心があったことは間違いない。それは神話や社会心理に相当するところですね。戦争は当然その背後にあった。

河合　一番はっきりしているのは、日本神話についてよく書いていたことで、そこに色々な思いが込められています。けれども、もう少し社会的・社会科学的なレベルでは、確かに書いていないと思います。

養老　どうしてそうなったか。多分色々な理由があるでしょうが、もっと普遍性を思考したのか……。

河合　そうです。

養老　そういうことをいちいち言っても仕方がないので、それを超えて変わらないものは何かを考えている。そのことが全然説明されなくてもわかる気がするんです。なぜかというと、それが逆に戦争体験なんです。

若いときにあれだけの社会観の逆転を見てしまうと、そんなものは絶対あてにならない、そういうものを扱っても学問にはならない、となる。では「あてになるもの」つまり変わらないものは何か。それを本当に意識的に表面に出すと、デカルトになるんです。ところが意識的に表面に出さないのが日本ですから、デカルトの無意識版のようになってくる。

河合　デカルトの無意識版とは「私はウソをつく」でしょう。ラカンが少し扱ったことはあります。

養老　そこが非常に興味深いですね。河合さんの立ち位置がどこか。

変わらないものは何か

養老　ただ、河合先生に診てもらっていた人がどういう世代であったかということも、重要ではないかという気がします。

河合　年齢層は多岐にわたっていて、戦争体験も色々聞いていたと思います。

養老　精神科では、社会心理との関係がはっきりしています。たとえば今の統合失調症の患者さんと、僕らが学生だった頃の患者さんとでは型が違います。明らかに社会的影響を受けている。

河合　そうですね。

養老　当時の常識が通じなくなった。どう影響を受けたのか、言葉では上手く説明できないと思います。言ってもいいけれども、通じない。そう言うと身も蓋もないですけれど。

河合　それから、やはり父にとって兄弟のした体験は……。

養老　それは大きいでしょう。

河合　無限に自分の体験に近いものです。そこで話し合われたことはとても大きいと思います。

先生の話につながると思うのは、今江祥智さんの『ぼんぼん』(2)という児童文学です。戦争中の話で、主人公は小学校五年生ですが、最後は戦争に負けてしまって呆然としている時に、祇園祭の音が聞こえてくるという場面で終わります。その本に対する河合隼雄のコメントが、戦争に負けたけれども、変わらないのは日本の神々で、祇園祭はスサノヲの祭り、まさに戦争の神様であり、戦争に負けても神々は生きている、と。そういうところに話をもってくる。社会科学というレベルでは捉えようとしなかったところがあると思います。

この場合はクライエントではありませんが、彼が会っていた人の話をかぶせている感じがします。彼の書いた本を読んでいると、彼の臨床体験が透けて見えて、あっと思うことが多いのです。

養老　今の話は非常に納得がいきます。面白いことに、戦後、色々なことが書かれてきたけれど、僕はこの歳まで生きてきて、「変わらないものは何だろう」ということについて書かれたものは、見たことがないような気がします。それが不思議で仕方がない。むしろ戦後の時代を動かしたのはその気持ちですから。いわゆる「プロジェクトX」です。あれは現象として捉えているけれども、裏にあったのは変わらないものとしての「もの」や技術です。なぜあれだけ技術者が輩出したかというと、口を利いても仕方がないからです。

それはもう一方では、「敗軍の将は兵を語らず」です。阿川弘之が伝記を書いた井上成美という最後の海軍大将、(3)あの人も戦後何も言わなかった。引退して、横須賀で小さい子に英語を教えていたりしました。そういう生き方も全く同じで、「確実に変わらないものは何だ」と言っていたと思います。

でもそれだけではない。やはり生きて行かなければならない。その時、価値観をどこに置くか。

面白いことに僕の大学の同級生は一割が大学教養のクラスに残り、医学部のクラスでも同じように一割が基礎医学に進みました。おそらく統計的に見てこれは異常です。僕は小学校二年生で終戦ですから、最初の戦後の教育を受け、しかも戦前の教育がわずかに入っていた。そのわずかの中で一番大きかったのが、教科書に墨を塗ったことです。これは僕らの世代しか言う人がいないから、最近しつこく言いますが、相変わらずこの国は教科書を検定しています。ではあの教室で墨を塗ったのは何だったのか。言葉とはそのくらいのものだ、墨を塗ればいいものだと、我々は義務教育でたたき込まれているのです。

言葉と現実の関係

養老　そうすると、最近は言葉の地位がぐちゃぐちゃになってきている気がして仕方がない。まず極端な現代的現象で言うと、メールで「死ね」と書かれて小学生が死んでいる。つまり「自分が生きている」という現実と言葉が混同されて来ている。

そういうところの切れ目は、河合さんの世代は非常にはっきり切っているはずですね。患者さんが言うことと、患者さんが生きていることは、別のことです。

しかし今、何だか奇妙に言葉が現実を支配する状況になっている。それは政府が国会で徒《いたずら》に法律を作り続けるのによく出ています。法律は言葉ですから、それを変えていったら世の中が変わるとどこかで信じこんでいる人たちの大群が発生してきた。それはまさに文化人類学の呪術的思考、要するにおまじないです(笑)。世界はおまじないで変わるという人たちが非常に増えてきた。だから最近、インターネットでひどいことを書くでしょう。あれはまさに呪詛、呪いの言葉です。だから人が死ぬ。

僕はそういう解説・解釈を河合さんに聞いて欲しかった気がします。意見を聞きたかった。

河合　先生もけっこう過激なことを言っておられるから、脅迫されたりしませんか。

養老　日常茶飯事です。全然気にしていません。呪いの言葉は当人が知ってはいけない。丑三つ時に五寸釘を人形に刺すものであって、当人が見たら呪いにならないのです。

でも僕が過激と言われるのは変です。そういう意味で本当に言葉の地位がおかしい。言葉に何か力があると思うから、過激だ、となる。こちらは力がないと思って言っている。それはやはり差別語狩りが大きかった。言ってはいけないことがあることを公にしてしまった。

河合　それ自体がとんでもないことです。赤坂憲雄が『排除の現象学』(4)で、差別語を作ること自体が排除という現象ではないかと書いていますが、差別語がとんでもないとは言えない状況です。あれもリアリティを隠蔽する一つの操作だと思うのです。すべてを「障害者」というニュートラルな言葉にしてしまう。

養老　障害者とは変な言葉で、むしろ僕は差別的な感じを受けます。

河合　そうです。

養老　もう一つは、言葉が若い人のなかで勝手に自立して、自分と切り離されています。オレオレ詐欺がそうです。犯人はあれだけのデタラメをちゃんと言える、いわば人生が西欧型の芝居になってきています。それができる人たちが発生してきたのは、明らかに都会的な現象だと思います。一切の裏付けなしにものがいえる。それは学生を教えていても思います。たとえば僕が理屈を言うと、「先生、口ではどうとでも言えますからね」と学生が言うんですから。私に向かって。

言葉というものの立ち位置がめちゃくちゃになっている。それは前から感じています。そこに河合さんの「私はウソをつく」面白さがあると思います。

こう言うと誤解を生じるかもしれないけれど、実は言葉は、実生活とは関係ありません。こころの世界とは関係していて、それで世の中が動くことも確かだけれども、そういう面を除いて、言葉がやりとりされたから実情が変わるかと言ったら、田んぼをやっていたら一切変わらない。最近はモーツァルトを聞かせたら良く育つとか、言い聞かせたら良くなる奇跡のりんごなどがありますが、それも逆に言えば呪術的思考です。それが完全に復活してきた感じがします。

もうひとつそこで長年僕が言ってきて、忘れられているのではないかと思うのは、言葉は一旦外に出ると固定してしまうということです。今はその感覚がありません。だから契約とか約束という言葉がほとんど実質的に死語になっています。いくら契約しても、状況が変わったら契約を変えましょうという考え方。契約は言葉ですから、一旦書いたら平家物語や古事記ではないが永久に残ってしまう。情報は全部そういうもので、それに対して自分を縛り付けるのが約束ですが、今そういう感覚はゼロでしょう。

だから河合さんともう一度話すことができたとしたら、話したいのは言葉の立ち位置です。臨床家としてずっと言葉を聞きながらクライエント本人を見ているわけですから、そこに本人の言っているいわゆる「現実」と、その人が対応している言語の空間が併存している。その併存の仕方が今は非常におかしなことになっている。多様性が増した、豊かになったとも言えるでしょうが、そのかわり整理がつかなくなった。矛盾が起こっている。

では僕らはどう思っていたかというと、教科書に墨を塗っても、それは日常生活を何ら変えないということをいやというほどたたき込まれた。言っていることは、「無敵皇軍、本土決戦、一億玉砕」から、がらっと変わって「平和憲法、マッカーサー万歳」となっても、世間は一切変わらない。そんなことで私生活は動くものではないことを学習した。どこかでそういう確信があったから、我々は平気で生きている。そのかわり、信じられるもの、変わらないものは何か、いわば普遍性を追求する心理的な態度ができた。それはもう僕らの代で明らかに消えましたね。そんなこと言ったって、それは昔話でしょう、と。

もっと古い人たちには、やはりそれがありません。技術者にはならず、政治家になり、言論を駆使した。僕らに非常に近い考え方をしたのは多分山本七平ではないですか。司馬遼太郎さんになると、少し違って、戦車隊だったのに技術に行かずに、まさに文科系、言葉の世界に進み、物語としての歴史を作りました。それは心理学者の態度にも近いのかも知れません。個人に還元していって、個人の物語としての自分を書く。それを確立させていくのが臨床心理の人の仕事だとしたら、河合さんはそういう世界にいたはずです。そこの微妙なところを聞きたかった。

不安定さをどう片づけるか

養老　身体の問題はそこに見事に引っかかってきます。言葉の世界を上手に変えていったら、体も変わってくるんだろうか。僕らは逆で、脳を鍛えるには運動しかないという乱暴な考え方をします。バックグラウンドが医学ですから。そこは微妙なところですね。たとえばヨガの行者は、一生片手を上げたままでいたりする。それは明らかに身体的欲求ではありません。血流循環が駄目になってきますが、それでも頑として上げたままでいます。その辺の関係も、河合さんと話ができたらと思っていました。

河合　まともに答えないかもしれません。

養老　もちろんそう、わかっているんです。だから最初に申し上げたように、言わないところが大事なんです。言わないからこそ、こちらは考える。そういう態度が旧帝大にはありました。今は、「開かれた大学」とか言って、シラバスなんか作らされる。

河合　大学が予備校化していますから。

養老　それは昔で言う専門学校です。医学部でも典型的だったのは、東京医科歯科大学と東大で、医科歯科は技術者を育てる。東大は総合大学ですから、国家試験なんて極端に言えばどうでもいい、別に落ちてもいいんです。今それを言ったら学生から吊し上げでしょうね。

でも学問とはそういうものです。だから一番危険だと思うのは、意識化しなければ学問として認められないという傾向です。それを昔は「人」と言っていました。河合さんの場合はそれが見事に出ていた気がします。だから本人に会うことに意味があった。河合さんの本を読むのもそれはそれでいい。著作は著作で一定の評価があるけれども、ご本人に会って、こういうことが聞きたいなと感じることが大事です。

河合 そして聞いても答えてくれない。

養老 もちろん、そんな必要はないんです。疑問を起こすのはこちらですから。僕の脳味噌の中で、ある不整合が起こっている。それをきちんとあわせるのはお前の仕事だろうと。

河合 そうですね。

養老 旧帝大の教え方をある程度体得した人たちは、それを知っているはずです。だから昔からの言い方で、教わるんじゃない、盗めと。河合さんがそれに対してどう答えているのかを見て、「悟り」ですね。

河合 父はそういう風に外したり相手に返したりするのですが、海外で講演したり本を書いたりする時は少し違っていました。いつものやり方が通じないのを知っているから、少し説明しているのです。エラノス会議での講義や、フェイ・レクチャーでの講義がもとになった『ユング心理学と仏教』(5)では、その辺を説明しているところがあります。たとえば、沈黙が大事だと思うようになっていったという話の中で、沈黙と言葉とどういう関係があるか、バカな西洋人向けに少し説明してあげる(笑)というところが、何箇所かあります。

養老　ところが今は、それが日本人に対しても必要な時代になった。ただ残念なことに、それを一番聞かなければいけない人たち、大学の先生なり研究者が聞いていません。

河合　でも、馬の耳に念仏と昔から言われていますから。

養老　本当に変な話、河合さんが生きていることが非常に大事だったんです。そういう感覚はやはりどういう世界にもあると思います。こちらに問題を投げてくれるわけで、会えば何かしら得るものがある。今の人は、教わることがあると思っている。そうではなくて、自分の中にある種の不安定さを起こして、疑問を発生させ、それを自分でどう片づけていくかという、考える動機になる。

それは患者さんに対する態度としても正しいと思います。患者が自分で片づけていかないと治らないのですから。医者がいくら「わかった」と言っても、患者がわからなければ意味がない（笑）。その態度は見事に一貫していたのではないかと思います。

日本人の無宗教とは

河合　それで彼が気に入って感動して話してくれたのがダライ・ラマです。ダライ・ラマが「人類の将来についてどう思いますか」という質問をされて、吹き出したらしいです。「将来なんてわからない」と。それをとても喜んでいました。何か通じるものを感じたようです。

養老　それを西洋人はニヒリズムだと言う。そうではないですよね。

河合　違うと思います。

養老　むしろ全く逆で、謙虚なんです。西洋人はそういう点で意識過剰ですから。僕は「ああすればこうなる」と書いたけれど、将来を人間が予測してよい方向に持っていけると思い込んでいる。仏教にはそれがないんです。

河合　ないですね。

養老　それを上手に使わないといけない。難しい時代になりました。昔からそうだったのかも知れませんが。

仏教は生き残らないのです。都会化すると消えてしまう。最初に仏教の事を考えだして、すぐに気がつきました。世界地図を描いてみて、仏教が残っているのは、全部中国とインドの辺境で、二大文明圏の周辺を囲っています。日本、モンゴル、チベット、ネパール、ブータン、スリランカ、インドシナ半島……。見事でしょう。

河合　日本はこれだけ都市化していますが、仏教はどうですか。

養老　僕は二〇〇五年に出した『無思想の発見』(6)に書いたのですが、日本人に宗教を聞くと、七割の人が無宗教にマルを付ける。その「無」は仏教の「無」だろうと。仏教は確かに「無」と言うので、それを徹底していけば、仏教自体無になるはずです。だから変な理屈を言えば、余りにも仏教思想が徹底しているから、日本人は無宗教と思い込んでいるという言い方もできるのです。本当にそうではないかと思います。意識下に入ってしまった宗教はそうなるんですね。

僕が般若心経に入っている「無」という字を数えてみたら、何と一割近くありました。般若心経は、意味がわからなくても日本人が一番知っているお経です。その中に「無」があれだけあるということは、日本人の無宗教は般若心経の無だよと言ったら、河合さん喜んだかもしれないですね。

河合　きっと喜んだでしょうね。

養老　丁度僕が仏教に関心を持った頃に、河合さんが華厳経の研究会と称するものをはじめられました。あれも可笑しかった。冗談を言っていただけです。

河合　聞いたことがあります。「養老さんなんか読みもしないくせにむちゃくちゃいよる」(笑)。

養老　だって河合さんを見に行っていたんだから。華厳経はどうでもいい(笑)。

河合　でも最後の頃は、自分に近いものを仏教に見ようとしていたという感じがあります。

養老　その点、僕も非常に共通している話なのですが、『唯脳論』(7)を書いてだいぶ経ってから、阿含経という原始仏教の経典の解説を読んで、自分が書こうと思ったのと同じことを書いていると思いました。

ダライ・ラマもそうで、二〇〇八年にインドのダージリンにあるチベット難民の施設に行きました。一九七〇年頃の毛沢東のチベット侵攻で逃げた人の村で、いまだに続いているのですが、そこにダライ・ラマの言葉が貼ってありました。英語にして韻を踏んでいて、なかなか上手にできている。それを本のあとがきにつけたことがあります。あの人は面白い人ですよね。

河合　面白い人だと思います。

養老　チベット仏教の「生まれかわり」というのも非常に奇妙な変わったやり方ですが、子どもの時から「これは見所がある」という子をきちんと拾えるところが面白い。そしてかなり優れた宗教的なリーダーを育てる。あれを中国でつぶして欲しくないと本当に思います。政治的な弾圧云々ではなく、あのやり方は保存した方がいい。

今枝由郎さんという、フランスに帰化した面白い仏教の専門家がおられます。僕がある時エッセイに、電子顕微鏡で細胞を見ていて、文字が見えたことがないと書いた。電子顕微鏡の世界は日常にはありえない世界ですから、本当はどう見えてもいい。単純なAとかBとか、極端に言えば「バカ」でもいいと思うのですが、見たことがない。僕はそれを不思議に思ったのですが、今枝さんのエッセイで、チベットの仏僧はダライ・ラマを探す時に色々なものに頼り、たとえば葉に残った虫の喰い跡も字として読めて、ヒントになると。僕はそれを指摘されたときに、あっと思って、こういう職業や教育、環境に置かれると見えなくなるんだと。これは当たり前で、セオリー・レイドン(theory-laden 理論負荷的)という言葉がありますが、私の方に理由があった。チベットのお坊さんなら、そこを探せばダライ・ラマのヒントを摑むかもわからない。それが人間のこころの働きです。

僕がいわゆる近代科学の世界で一生懸命やっていた時、いかに自分が頑なになっていたかに気づかされます。一生懸命やっているからこそ気がつかない。そういう人が学会の中では圧倒的多数です。

河合　自然科学だけではないですね。社会科学、人文科学でも、ある種のテクストの分析の仕方やデータの取り方にひっかからないものはぜんぶ捨ててしまう。

養老　『脳科学と芸術』(8)という、脳の研究者が共著で芸術関係のことを書いた本を書評のために読んだのですが、その中にチンパンジーの絵画があったんです。僕が助教授時代、顕微鏡で人体の組織をスケッチさせるというのを、出席表代わりに毎日、二週間位やらせていました。顕微鏡像は、実は学生にとっては初めて見る変な世界です。それをきちんと描くことができるというのは、本などを見て概念化しているからです。それが一人、めちゃくちゃな絵を描いている学生がいました。一切意味のわからない、のたくった線を毎日顕微鏡を見てちゃんと描いていた。その絵が、本にでているチンパンジーの描いた絵とぴったり同じだったんです(笑)。何十年かして、「これだ!」と思った。

河合　すごい。

養老　チンパンジーもおそらく目で見ているものを表現しているんですね。自分なりに。

河合　社会化されてしまったり、学問化されてしまうと、見えないのでしょうね。

養老　逆にそうした能力に欠けると、そういうものを一切無視しますから、チンパンジー式の絵が描ける。あれにはびっくりしました。これも河合先生に聞かせたい話だったな。

科学という抑制

河合　僕から見て養老先生と父とのある種の接点というのは、父は最初数学を専攻していて、最後の最後まで、科学を批判しつつも必ずどこか意識していました。先生もかなりはちゃめちゃに書かれていても(笑)、やはり解剖学や身体という所から出発しているのがとても大きいと思います。そこから見えてくるものに興味があります。

養老　数学は面白い分野で、素人には理科系とみなされますが、必ずしもそうではない。あれは言語を使えば哲学です。そういう意味で、全ての学問の基礎のような所があり、言語を使わない分、厳密な論理性を要求します。

科学は実証です。頭の中で創り上げたきれいな理論は、しばしば実際のどこに合うかが問題になります。全面的に合うはずはない。それが今おっしゃった科学に対して、何か碇がついているということですね。学問をやる時、これが抑制として非常に大切だという気がします。

それがやはり心理的には戦争体験と結びついている。つまり僕は、イデオロギー的なものは一切だめなんです。すぐに解ってしまう。おそらく河合さんの根っこにもそれがあったに違いない。言おうと思えばいくらでもデタラメを言えるとわかっていますから、そうなると危ないなという一種の規制がかかるという意味で、科学が使われている。そうすると逆に科学の中にもそういうものがたくさんあることが見えてきて、科学批判になります。それは人間のやることですから当然ですが、立ち位置は確かに似ていたかもしれません。

僕は精神科に進もうと思ったこともあるし、若い時も精神分析の本をよく読んでいました。でもそれは危ないなと思ったんです。臨床心理士のコースを作ると、若い人が結構入って来ますが、こういう人は碇がついていないから、どこまで行くかわからない。ある程度の理科的・数学的な論理訓練をして、論理と実際がどのくらい対応するかという限界をきちっと学んできてから心理学をやらないと、心理のようなややこしいことは、とてもきちんと扱えないのではないか。上手くいったとしても、それは偶然であって、新宿で手相を見ているのと変わらないという気がするのです。

河合　抑制としての科学というのはとても面白いと思います。臨床心理学を学ぶ場合、その前に一応実験心理学を学ぶことになっている所が多いのです。私はある時期、それは意味がないのではないかと思っていました。たとえばユング系のアメリカの大学では、実験心理学ではなく、宗教学や哲学、文学などを学ぶことになっていて、それでいいのではないかと。ところが学生を見ていると、実験心理学をきちんとやっている人の方が伸びるのです。実験心理学の人には失礼ですが、あれが直接役に立つとは思えない。でも一度そういう抑制を身につけるのは、とても大事な気がします。

養老　具体的には方法論と言ってもいいのかもしれないですね。科学はどうしても方法論を見つけざるを得ない。機械を使うにしても何にしても、どんな分野に行ってもそこが役に立つのです。

解剖は基本的に方法だけしかありませんから、解剖に「学」とつけるのは本当はおかしい。「方法」は別に「学」ではない。それを解剖の人は忘れている。

学問について一番批判しているのは、日本の学問が対象で命名することです。それは教育では具合が悪い。役に立つという意味で、むしろ方法を教えるべきであって、それは色々なところで使えます。

河合　ただそれもまた面白いところですが、ある対象に興味を持たないと、方法を教わってもやる気がしないですね。虫が好きとか。

養老　虫が好きだとありとあらゆることを勉強しないといけない。植物に詳しくないとどうしようもないし、植物に詳しいということは、地質に詳しいということで、すぐに地誌に関心を持つし、環境問題についてもうるさい人が一杯います。

心理学と認知科学

河合　脳研究についてはどうでしょうか。

養老　脳研究については、河合さんはおそらく僕と似たような考え方をしているなと勝手に思っていました。神経細胞はどう働くかとか、ホジキン-ハックスレーの方程式とか、そういうものにはおそらく全然関心がないだろうと。数学出身だから、論理的な問題として考えることはできたでしょうが、そんなことはあまり面白くない。もっと大きな、マクロ的な見方をしたかったのではないですか。

河合　そうですね。

養老　ただ、意識研究はだいぶ進んで来ましたから、面白いです。河合先生は認知科学が出てくるぎりぎりのところだった。

脳研究というのは完全に科学論になってくるわけですね。脳研究で一番詐欺に近いのは、自然科学的に論文を書かないと心理学にされてしまう、というところです。やっと認知科学という分野ができてきましたが、意識は物理化学的に定義できないことが暗黙の了解になっていて、物理化学的に定義できないものを自然科学的に追いかけるのはおかしい。それで長い間タブーになっていたわけでしょう。

一番のインチキは物理がやったことで、客観的な世界が実在する、素朴実在論をとったわけですが、それは実は意識の世界ですから、意識という道具を抜きにしては本当は語れないはずです。それを座布団の下に敷いた。物理の中で唯一主観が出てくるのは、著者の名前だけ(笑)。当人の脳味噌を使ったということです。

医者なんてそういう意味でほとんどアホだから、九割が自分は自然科学者だ、医学は自然科学だと主張する。僕の後輩で新潟に行った中田力という脳科学の研究者が、学生の時、麻酔科の教授に「先生、麻酔薬でどうして意識がなくなるんですか」と訊いたら、教授の機嫌が悪くなった(笑)。麻酔薬の化学構造はよくわかっているけれども、それを一定量与えたらどうして意識がなくなって、ある時間が経ったらどうして意識が戻るのか、科学的な説明は一切ないんです。ないに決まっているじゃないですか。どうして脳から意識が発生しているかわからないんだから。

河合 それはそうです。

養老 それをきちんと物理化学的に定式化するなら、まず意識を物理化学的に定義しなければいけない。それはできないでしょう。なぜかというと、物理化学は意識がやっているんですから。

ということも、また河合さんと話してみたかったことの一つです。

河合　喜ぶでしょうね(笑)。

養老　物理化学より意識の方が大きいのは確かで、小さいものは大きいものを説明できないですから。科学者はそれがイヤだから座布団の下に敷いてきたと僕は思います。それが一九世紀の自然科学です。一九世紀は素朴な時代ですからそれでよかったのですが、未だに素朴実在論で科学をやっているのが信じられない。

私が考える脳研究は意識研究に近いものです。ところが意識は自然科学的に定義できないとなると、アプローチする方法がない、そういうものはうさんくさい、というのが多くの脳科学者の考えです。僕は、それはよく考えていない証拠だと、逆に思います。理論がわからない、定義がないところでものを調べる方法は昔からあった。それが博物学です。それを馬鹿にしやがって、というのが僕がずっと思ってきたことですから(笑)。近代科学の世界では、虫なんか採って、解剖なんかやって、そんなもの杉田玄白だろうと言われる。

人間の意識はどう振る舞うか、日常的に色々な調べ方があります。だから認知科学は発生したわけで、僕は認知科学をそう位置づけている。それは非常にもっともな発生でした。もっと言えば、アメリカで発生しないで日本で発生してよかった。そういう意味でのタブーは日本にはないですから。しかし別のところにタブーができてしまった。つまり一九世紀的な科学ではない、枠組みというタブーです。神経細胞をいくら調べても意識は出てこない。神経細胞の集団から発生しているので、扱おうと思ったとたんに気が遠くなるほど面倒です。

河合　最近のニューロサイエンスや、ｆＭＲＩ(functional magnetic resonance imaging 機能的磁気共鳴画像法)を使った研究でも、意識とはわからないものですか。

養老　わからないでしょう。ラマチャンドラン(V. S. Ramachandran)が一番正直に考えていたと僕は思うのですが、意識を分解しています。意識は様々な機能の集合体であって、まず分解しなければいけない。それはそうで、ぼけっとして何もしていない時でも意識はあります。そういう、果たしてあると言ってよいかどうかという時も含め、意識には色々な状態がありますね。それを全部ひとことで言っている。かなりプリミティブな段階です。

河合　大学のゼミの時、寝ていても素晴らしいコメントができる先生が何人もいますね。

養老　僕の先生がそうでした。座長で、同じ壇の上に乗っていねむりしていて、終わった瞬間にぱっと質問する。あれは芸だねとみんなで笑っていました。ちゃんと聞いているんです。

それは認知科学でよくわかっていると思いますけれども、ものを読む時でも、意識していなくても、ちゃんと先を読んでいる。そういう日常的な博物学的な研究が意識について遅れすぎています。心理学と認知科学は完全に手が組める分野で、認知科学というよりも、もう心理学と言ってよいのではないかと思います。

河合　実験心理学の研究者で認知科学をやる人はかなりいます。

養老　完全に重なるはずです。

ここで脳研究と言っているのは、おそらく悪い表現、一九世紀的・物理化学的な雰囲気です。認知科学と言えば、もう少しゆるんでくるのではないでしょうか。

河合　ユングも言語連想検査でGSR(galvanic skin response 皮膚電気反応)をとる研究をしています。父は色々知っていたので、そういうことにとても関心があり、言語連想検査でfMRIをしてみたいとも言っていました。一方で、何でも「脳」というのはどうもおかしいと思うとも言っていて、両方あったような気がします。

養老　フロイトもそうでしょう。本当は生理学に興味があった。

河合　彼はもともと生理学で、コカインの研究をしていました。

情報という言葉

養老　それで僕がよいモデルになると思うのは、まだあまり定式化されていませんけれども、「情報」という言葉ですね。情報という言葉は一九世紀にはありませんでした。概念がなかったと思うのです。生物学でやっかいになってしまった問題のいくつかは、情報という言葉を導入するときれいに解けます。一番典型的なのは、米本昌平が書いている生気論です。生気論というのは、「生きものには生きものにしかない特殊な性質があって、それが生命を成り立たせる」という考え方です。生命を特殊化するのは中世的・宗教的であって、唯物的ではないと、一九世紀的科学では過去の遺物とされていました。けれども実際はそうではなく、情報という言葉、概念を苦労して説明しているのです。それを一言、「情報」という言葉にできる。それを見事に出したのがワトソン(J. D. Watson)・クリック(F. H. C. Crick)のあの短いDNAの論文です。そう思うと、逆に一九世紀の生物学の歴史は、情報という言葉を入れた瞬間に見事に見えてくると僕は思います。

たとえばダーウィンの自然選択説です。自然選択は根本的には情報です。DNA以降、進化説をずっと詰めると、個体の選択ではなく、遺伝子の選択になってきます。その場合の遺伝子とは、ドーキンス(C. R. Dawkins)の遺伝子、つまり情報としての遺伝子です。

実は自然選択にかかっているのは情報です。岩波書店はよく理解できるでしょうけれど、需要のない本は売れない。読んでもらっても理解されないものは落ちるのです。自然選択とは完全に情報の持っている性質です。こう書いたら池田清彦が面白すぎると批評していました。

ヘッケル(E. Haeckel)の言う「個体発生は系統発生を繰り返す」は、文科系の学者が書く論文と同じでしょう。学者があるテーマを扱う時、そのテーマについて過去に学者が何を言ったかを短く要約して繰り返し、それに自分の所見をつけ加えて新しい論文ができる。これはヘッケル説です。

河合　面白い。確かにそうです。

養老　メンデルが典型的で、それまでアナログなものだと思われていた生物の形質を記号化し、豆の色をA、aで表しました。それは情報の一番の基礎です。それだけのことです。それがメンデルの最大の功績で、組み合わせの実験そのものはウソです。フィッシャー(R. A. Fisher)が証明していますが、あの数値が得られる可能性は統計的に数パーセント以下です。概念が先行したわけです。

一九世紀の生物学で、生物学独特とみなされているわけのわからない法則は、実は情報に関する経験則です。別な言い方をすると、それは意識の性質です。意識は自分にあわないものは、取り入れられませんから。自分にあったものは、河合さんの一言ではないけれど、いつまでも残る。私の言ったことなんか、学生の脳という環境では、自然選択にかかってあっというまに絶滅してしまう(笑)。

河合　先生は、わざと攪乱を起こすような書き方をされていると思うのですが。

養老　意図してやってはいないんです。
河合　結果としてそうなる。
養老　本人は論理的に説明しているつもりだけれど、頭はそういう風に勝手に動いてしまう。
河合　ディスクールとして、父はユーモアが大きいと思うのですが、先生の場合アイロニーが大きいと思います。
養老　そうですね。若い頃、「必ず対偶を取りますね」と言われたことがあります。癖で、どうしても裏側まで確かめないと気が済まない。それはやはり乱暴にいって戦争体験でしょう。みんなが戦争に勝つと、一億一心でやっているんですから、裏を取るとどうなるのかと。全部ひっくり返してみるということを一度やる。
その点、河合さんの方が僕より年上ですから、私の方が乱暴ですね。言葉の世界はインチキでいい。インチキを許容する。
僕が生命倫理学会誌で編集委員長をやった二年間だけ、レフェリー制度がなくなったんです(笑)。
河合　(笑)
養老　本人が書いたもので世間に恥をさらすのになぜオレが直してやる必要があると。以上終わり。

河合　査読というのは難しい問題ですね。

養老　バカな話だと僕は思っています。本人が自分の間違いで恥をさらすのは結構なことで、学者にはそれが必要ですよ。それをあらかじめ訂正してあげる必要はない。

河合　本当は、直して悪くなる場合の方が多いと思います。

養老　一貫性が欠けてきます。

河合　ダーウィンでも、『種の起源』は初版が一番いいらしい。

養老　言い訳になるんです。教科書に墨を塗った方としては、間違ったら墨塗ればいいだろうと。そこは河合先生どう思ったかな。

死と解剖と精神分析

河合　二人の接点として、「死」に関してはどうでしょうか。これまでの話も全部つながっていることですが。

養老　僕は非常に奇妙なことに、人生そのものの記憶が親父が死ぬことから始まっています。それは普通の人の人生の話と逆転している。それだけのことだと思うんです。何となく解剖をやっていたのも、一つにはそれがあります。死者を具体的にどう考えるかというテーマはいつも頭の中にありました。それはやっている間は気がつかないんだけれど、離れてから長い時間が経って、なぜあんなことをしたのかと思うと、個人的な理由は完全にそれです。社会的には終戦体験ですね。

解剖は一種の対人関係です。河合さんは心理学という形で、いわば対人関係の中から普遍性を追いかけようとした。僕の場合はもっと素朴で、解剖の作業ほど安心なものはなかったのです。というのは、自分がしたこと以上のものも以下のものもない。死体の変化は、感情的には大変な変化です。ちゃんとしていた人がばらばらになってしまう。「こんなひどいことになって」と思った時に、そのひどいことをやっているのは他の誰でもないお前だろうと、ある時、気がつく。具体的な意味でそうです。そういう作業をすることが一番気持ちが安定する。

河合　心理療法の場合、死体よりはもう少し相手が動くとは思いますが(笑)ある意味とても似ています。日常生活とは全く違う関係の中で、ある種の解剖をする。フロイトがわざわざ書いていますが、なぜ精神統合と言わずに精神分析と言うか、まさに解剖の作業をずっとしていくという感じです。そこでふと我に返る瞬間がある。逆から診ている点もとても似ているのではないでしょうか。

やはり死体よりはもう少しニュアンスは弱くなりますが、非日常から見ている。それはまさに死と同じだと思います。

養老　患者さんを診たら、それこそ相手は変わっていく。そうすると、相手が変わったのは、オレのせいだろうか、相手のせいだろうかと、無限に答えの出ない問題に引き込まれます。解剖の場合は必ず相手ではなく自分に返ってきます。生きているのはこちらだけですから。学生の時にあんなに安心していたことはないなと思いました。そこへ戻って来てしまう。だからやはり僕も心理的な行動をしていたのです。

河合　先生はお父さんが亡くなられたことを書かれていますが、私の父も下の弟が亡くなって「ほかしたらあかん」と棺に縋って泣いたことを書いています。四歳頃は死が意識できてくる時で、ある種、似ている所がありますね。

養老　その影響は常にあると思います。その年代で死に直面すると、かなり大きな影響がある。今の人はそれをひとこと「トラウマ」と悪いことのように言いますが、そうではないですね。成熟していく過程で大変大事なことのような気がします。最近はペットロスくらいにしておきなさいと言うんでしょうけれど。

自分にとって非常に重要なものが世の中から消えるというのは、終戦体験みたいなものですね。繰り返し繰り返しそういう体験をさせられたような気がしないでもない。父親は死ぬし、戦争は負けるし、大学紛争で大学は壊れかけるし(笑)。

河合　でも出発点であると同時に、父は晩年になって書いていますけれども、死というものがずっと一生取り組む謎なんだと。

養老　僕は今、考えない所にいます。自分の死は考えても意味がないとやっとわかった。自分の死を見るのは他人であって、オレではない。最終的な論理的結論です。河合さんはたぶんそうは言わないでしょうね。

河合 言わないと思います。でも結果としてはそうなった。「お坊さんの知りあいはいないし……でもそのうちお葬式してもらうお坊さんに出会うやろ」と母と話したりしていたのですが、出会うまでに倒れてしまって、結局、周りの我々が全部考えざるを得なかった。そういう意味で一人称の死というものはなくて、周りがする。でも周りは彼じゃないかというと、僕も彼で(笑)、彼がどう望んだだろうと思ってやる所も、思ってやらない所も、全部入っています。

養老 それで思い出すのは、小林秀雄の『本居宣長[9]』です。本居宣長は自分の葬儀について全部きちんと指定した。墓の絵まで描いて。

河合 すごいですね。

養老 「山桜を一本植えろ」。それはまだいいです。「枯れたら植え直せ」。心理的にはどういう人ですか。「葬儀の行列は誰が柩を担いで、どういう順序で何の刻にどこから出てどこへ運べ」。未だに僕には理解できない。小林秀雄はそれを丁寧に書いています。

河合 色々考えられると思います。本当に色々考えられる。

養老 さらに江戸時代という時代が重なって来ます。あの人もものすごい個人だなと思います。自分が死んだ後、周りの人間を全部行動させる訳ですから。遺族は何をしたかというと、これが異例の葬式なので、「本人はこう言っているが、差し支えないか」

と役所に伺いをたてた。役所の返事は見事なもので「これは異例だから世間並みの葬儀をまずやって、そのあと本人の言うとおりにしたらいいだろう」と。江戸の社会は個人をある面ではものすごく大事にしています。人間扱いされない人がいたのと同時に。

河合　解剖についても、オランダから入った医学ではなく、すでにやっていたとか、江戸は単なる鎖国ではない。

養老　違います。

河合　全然違うものが蠢いていた面白い時代だなと思います。

養老　おそらく臨床心理の先生の必要がほとんどなかった社会。もし必要だったとしたら、お大名ですね。浅野内匠頭はあれだけ皆に迷惑かけたんですから、本当は若いうちに治療した方がよかった(笑)。

河合　大名と皇室ですよね(笑)。

養老　そうです。まあ皇室は貧乏していたから……。

西洋人が書き残している中で、僕が一番印象に残っているのは、オールコック(R. Alcock)が将軍に拝謁するために東海道を下るのですが、そのときに異人が通るというのでみんな弁当持ちで見に来たんです。「こんな幸せそうな人たちを見たことがない、この国に我々の文明を持ち込むことが果たして良いことか」と書いています。彼はすでに中国に四年くらいいたし、そもそも中国に来るためにアフリカとインドを廻って来ているのですから、当時の世界を大方見ているわけでしょう。それがこんな幸せそうな人たちを見たことないと書いている。我々は忘れていますが。あるいはカッテンディーケ(W. J. C. R. Huijssen van Kattendijke)の日記に、長崎にはじめて入港したら、水夫が帆をおろしながら景色を見て「天国！」と叫んだと。今、長崎を見て天国だと思う奴がどれだけいるか。

原爆が落ちて、長い間大事にしたものが一夜でふっ飛ぶ体験をしたという、同情の余地はある。広島と長崎はいまだに何か荒れた感じがします。島根県は逆です。島根県の人を褒めたら、まず言われたのは、出雲大社があるからではないかと。確かに神社はきれいにしますね。もう一つはそういうことにはお金が出ていかないですからと。確かにそれはあるかもしれない。鳥取・島根は日本に冠たる過疎地ですから。

河合　政治家はたくさん出ますよね。

養老　そうです。だからです。

河合　奈良なんか政治家がいないからめちゃくちゃです。

養老　奈良も変なまちですね。新幹線は通らないし、大都市なのに私鉄が主要な交通手段。しかもご存じないかも知れませんが、奈良の春日山、特に春日の奥山は、大変な原生自然です。そこにしかいないとんでもない昆虫が結構います。おそらく紀伊半島に昔からいたのだろうと思いますが、人間がいじってしまって、春日山しか残っていない。

だから今の状態で保存した方がいい。偶然ですが。

河合　偶然ですよね。京都には文化があると思うのですが、奈良は文化遺産しかない(笑)。それもまたいいのではないかとも思いますが、ある程度奈良で育っているので、結構イヤになります。

養老　ものすごく閉鎖的なところでしょう。日本の縮図みたいな感じの古い日本。僕も行くとびっくりします。こんなところにまだこんな虫が飛んでいると。

心理療法が役に立つ実例

養老　おもしろいことに、心理学は案外日本の世間の常識にはなっていないでしょう。土居健郎さんの『「甘え」の構造』(10)や、中根千枝さんの文化人類学や社会人類学の方から、いくつか世間に認められたものも出ましたけれど、たとえばアメリカで流行っているフロイト流の精神分析の一般性は日本にはない。なぜ日本に精神分析がないのか、この間からそれを考えています。

多分、親や親戚のおじさんや友だちといった人間関係があって、それでだいたい片づいているのではないかという気がしています。最近になって都会で孤立した個人がかなり発生してきて、それではじめて実際の有用性が出てきているのかなと思う時がありますが、どうですか。

河合　精神分析や近代の心理療法は、近代的自意識のある人を対象にしています。共同体から自立した個人というものがないと、心理療法は成立しません。今、共同体が崩壊しつつありますが、そうしてばらばらになった人が自意識や主体性を持っているかというと、持っていない。

養老　個人として立つような文化的背景が日本にはありません。

河合　ないです。災害が起きたら人が来る、病院に行けば臨床心理士がいる、といった、ある種、受け身でないと無理というところがあると思います。

養老　いつも変だなと思うのは、西洋人はホラー映画で吸血鬼のいるところに必ず一人で行って、犠牲者を出す。日本人なら絶対ああはならない。そこですよね。

河合　クライエントの夢を診ていると、そういう状況が出て来ることがあります。なぜわざわざ一人になって……という夢を見る人は、やはり「自分」「自意識」という道に向かう人です。そして恐ろしいことに出会う。そういう人もいるにはいますが、一般的にはないですね。

養老　何度も書いていますけれど、僕は父親が死んだことを、完全に自分一人で精神分析して、「治った」。治ったというのは、「ああそういうことだったのか」と思ったということです。

多くの問題が、自分の頭の中の不整合なんだということが、今の精神分析や臨床心理の非常に重要な視点ではないか。その人の頭がどう考えても安定平衡点に落ちていない。なんとか落とそうして、色々と変なことをする。それがある解釈をとって物語が成立した瞬間に、きれいに治るんです。非常に感情的体験ですから、脳で言えば、皮質だけでなく、全体的に、それこそ辺縁系を巻き込んで安定する。これは頭で悟るのと違って、非常に有効です。自分でそれを体験して、精神科の同級生に話をしたら、そいつが言ったのが「日本で精神分析が効いた例を初めて発見した」(笑)。僕はそれで挨拶ができないという症状が消えたんです。

河合　すごい。

養老　僕は精神分析や心理療法が役に立つことを、自分ではっきりわかっています。患者がどのくらいいるか知りませんが、外から見て心理療法がかなり必要だと思う人はいますね。日本の社会ではそういう人は診てもらいに来ないのではないですか。

河合　いや、結構来ます。

養老　最近は増えているのかな。そういうことは河合さんの世界では当然だったでしょうけれど。

日本人の行方

河合　河合隼雄の日本人論についてはどう思われますか。戦争体験のように、言わなかった所が大きい感じですか。

養老　そうですね。特に近代日本、明治以降についてはほとんど触れておられない。中世にはやはり惹かれていた気がします。

河合　そうです。

養老　それは僕と同じ。中世は面白い時期です。最近にもごく短い期間、「終戦後」という中世がありました。人が死んでいるのが当たり前。横浜市立大学は二〇〇体くらい死体を保存して持っています。戦後すぐに横浜で出た身元不明の遺体で、老若男女色々です。今では考えられないと思いますが、二〇代の若い人がその辺に倒れていて、誰だかわからない。そのまま大学の解剖教室に入る。そういう時代の空気を僕らは通って来ています、それにいちばん近いのは中世です。おそらく河合さんにもそういう親近感があった感じがします。

僕は日本の歴史をずいぶん乱暴に分けていて、縄文時代は中世に近い、肉体・身体の時代。弥生は町ができてきて、吉野ヶ里に見るように、堀を作って中に人が住む、都市化した、今と似た時代。それが平安時代まで続いていく。だから「平安」なんです。それが壊れるのが義経・頼朝の時代で、源氏の一党が壇ノ浦で平家を滅ぼしたあと、公達の首を持って帰って、四条の河原に晒す。後白河法皇が中心の朝廷はだめだと言うのですが、強行しました。あれで中世が始まったと僕は思う。死刑がなかった平安時代がそこで壊れた。激動の時代です。それが戦国まで続いて、もう一度平安時代に復帰したのが江戸です。江戸時代は全く中世ではありません。むしろ脳化社会です。明治維新で一時がちゃがちゃになりますが、どうやら戦後、江戸へ戻ったのではないでしょうか。

日本が将来どうなるかと言えば、次第に江戸時代・平安時代に行くのが普通でしょう。僕が見ると明らかにそういうサイクルになっています。ここまで来て、江戸時代のように、皆がある意味幸せに暮らせる時代が来るんでしょうかね。

河合　父はそのサイクルを日本神話の中のサイクルとして見ていたところがありました。スサノヲの時代・戦乱の時代があり、それが終わるとまた平和になる。

養老　恐らく世界中で普遍的なことだろうと思います。

河合　ただ、父は「ユング派分析家資格審査論文」[11]以来、日本神話について何回も書いていますが、繰り返しながら少しずつ変わっていくと見ていた所があります。

養老　螺旋ですね。螺旋は上から見ると円形で元に戻っていますが、横から見ると軸が少しずつずれています。

河合　そういう発想で見ていたのではないか。

養老　最初に話したように、河合先生に聞こうと思っても聞かないというのは、結局は同じようなことを感じていたからだと思うのです。わざわざ話してみないといけない人もいるけれども、普通は話さないで済む。特にあの世代より上はそうだったと思います。僕らの先生も、ずっとお師匠さんとして置いておいたけれども、まともに話したことはほとんど一度もありません。「お前さんの言うことは半分もわからん」と言っていましたから。それでもちゃんと師弟で成り立って、人間関係としては非常につながりが深い感じがします。

だから人とのつきあいは、言葉や、あるいはどのくらい顔を見たかということでは必ずしもない。それは現代社会が一番錯覚していることの一つです。それで「師」という言葉が消えてしまった。何かを教わる訳ではないんです。僕の先生は若い頃から言っていました。「お前には何も教えた覚えはない」と(笑)。河合さんもそういう人だったでしょう。何も教えてもらった覚えはないんです。そういう人とのつきあい方。「つきあい方」という表現がきちんとあたるかわからないけれど、それは日本の中からかなり消えましたね。

少なくとも学校制度はそれを意図的に壊しているでしょう。大学も、義務教育もそうです。生徒のいない夏休みに先生が全員学校に来ている状況は、僕からすると異常としか言いようがない。子どものために教師がいるのではなく、教育制度を維持するために教師がいるということを見事に表している。こんな社会は異常だと思うのです。

［文献］

（1）内田樹『昭和のエートス』バジリコ、二〇〇八。
（2）今江祥智作・長新太絵『ぼんぼん』理論社、一九七三。
（3）阿川弘之『井上成美』新潮社、一九八六。
（4）赤坂憲雄『排除の現象学』洋泉社、一九八七。
（5）河合隼雄『ユング心理学と仏教』岩波書店、一九九五。（岩波現代文庫、二〇一〇）
（6）養老孟司『無思想の発見』ちくま新書、二〇〇五。
（7）養老孟司『唯脳論』青土社、一九九〇。
（8）小泉英明編著『恋う・癒す・究める　脳科学と芸術』工作舎、二〇〇八。
（9）小林秀雄『本居宣長』新潮社、一九七七。
（10）土居健郎『「甘え」の構造』弘文堂、一九七一。
（11）河合隼雄（河合俊雄・田中康裕・高月玲子訳）『日本神話と心の構造――河合隼雄ユング派分析家資格審査論文』岩波書店、二〇〇九。

養老孟司（ようろう　たけし）
一九三七年生まれ。東京大学医学部卒業。医学博士。解剖学者。東京大学名誉教授。著書に『唯脳論』（青土社）、『からだの見方』（筑摩書房）、『バカの壁』（新潮新書）、『運のつき』（マガジンハウス）、『養老孟司のデジタル昆虫図鑑』（日経ＢＰ社）など。

〔資料〕

読書案内——河合隼雄の思想を知る一〇冊

河合俊雄

河合隼雄の著作は、著作集に収録されたものだけでも第一期が一四冊、第二期が一一冊に上っており、また内容が非常に多岐にわたっている。そのためにいったいどれが主要な著作で、どれを読めばよいのかというのは、よく尋ねられることである。もちろん個々人が何かのきっかけで「出会った」著作こそ大切で、余計なお世話かもしれないが、ここでは、河合隼雄の思想を知るということに焦点を絞って、いくつかのキーワードごとに重要と思われる著作を紹介してみたい。

ユング心理学・心理療法

後に日本文化や社会について多くの発言や著作を残していったものの、河合隼雄の思想のベースに心理療法や自ら受けた分析体験があったことに疑いはない。それは本書の姉妹本が『臨床家　河合隼雄』であることにもよく表れている。

心理療法に関しては、岩波現代文庫における〈心理療法コレクション〉全六冊が、専門書で論文集である『新版・心理療法論考』を除くとほぼ網羅しているが、ここでは次の二冊を取り上げたい。

1　**『ユング心理学入門』**（培風館、一九六七／岩波現代文庫、二〇〇九）

これは一九六五年にスイスでユング派分析家の資格を取得して、帰国後まもなくに書かれた、ユング心理学に関する概説書である。日本語としては著者の第一作であるが、未だに古びてはおらず、ユング心理学についての単なる入門書であるにとどまらず、既にそれを自家薬籠中のものにした著者が、自分のことばと例で語り、また日本人のこころについての後の考え方をすでに先取りしている。

タイプ論、コンプレックス、集合的無意識などのユング心理学の概念を、多くの心理療法の例や夢を用いて解説しているのも特徴的で、説得力がある。ユング心理学の肝とも言える集合的無意識と象徴については、不登校の男の子が見た「肉の渦に巻き込まれそうになる」夢から、個人を超えた「母なるもの」とそれの象徴性について解説しているのは有名である。これは後の日本人・日本社会における「母性」優位さや、ユング心理学で重視される女性像・男性像（アニマ・アニムス）の弱さについての著作につながっている。ユング派の心理療法において、夢が中心となるが、それが一般には分かりにくいであろうことを予測して、夢についての理論をやや後半にもってくるなど、構成としても配慮が行き届いている。

2 『こころの最終講義』（『物語と人間の科学』岩波書店、一九九三／新潮文庫、二〇一三）

この本の最初の二章に、一九九二年三月に行われた京都大学定年退職記念講義「コンステレーション」と、同じ年度に心理臨床学会で行われた特別講演「物語と心理療法」が収録されていて、心理療法家として多くの経験を積んだ著者が、一つの区切りとまとめとして心理療法についてわかりやすく、また大胆に述べているものである。

「コンステレーション」はラテン語で星座を意味することに基づいていて、様々な出来事が星座のように関連しているということを指しているが、心理療法を行っているとよく感じられることである。著者自身の母親に関する例や事例は非常に印象的である。このコンステレーションを重視するという見方には、クライエントの主観的世界やクライエントとセラピストの治療関係に焦点を絞る通常の心理療法の考え方を超えたものを示している。ただコンステレーションは、関連を読んでいく「私」が入らねばならず、また星座のように同時的にあるものが、時間の中で展開していくと「物語」になるというのは、次の講演につながっていく。

「物語と心理療法」は、心理療法において著者が重視する、一人の人間が「リアライゼーション」することには、自分が実現するということとわかっているということの両方の意味が入っているという指摘ではじまる。そのためには「物語」というものが大切であるという考え方が展開されていく。心理療法は「語り」であるけれども、それには必ず筋があり、「私」が組み込まれていないといけない。だからこそ「事例研究」というのが普遍性を持つというのが説得力を持って述べられている。日本の物語や自我の特徴、自然科学との関連なども興味深い。

物語

ユング心理学が一般的にイメージとその象徴性を重視するのに対して、既に心理療法の項に出てきたように、河合隼雄の思想のキーワードは「物語」であると言えよう。そしてクライエントの物語と向き合ううちに、日本の物語の特徴を考えざるをえなくなり、それから生み出された多くの著作の中心となるものは『とりかへばや、男と女』(新潮社)を除くと岩波現代文庫の〈物語と日本人の心〉全六冊に収められているが、ここでは次の三冊を取り上げたい。

3 『昔話と日本人の心』(岩波書店、一九八二／岩波現代文庫、二〇一七)

間違いなく河合隼雄の主著の一つで、学術的にも周到に準備された完成度の高い本である。日本人の夢において異性像が少なかったり、弱かったりし、また日本の昔話において結婚のテーマが成就しないことに対して、それを否定的に理解するのではなくて、その積極的な意味と解決を求めた画期的な著作である。

「見るなの座敷」というモチーフにおいて、西洋の昔話においては「青髭」の話のように、禁を破ることによって結婚に至ることが多いのに対して、日本の昔話においては「鶯の里」のように女性が単に消え去ってしまって、結婚という結末に至らないことが多い。結合というのが人格の統合や完成を示すというユング心理学の理解からすると、これは日本人の人格統合の弱さや欠陥を示すことになるかもしれない。しかし西洋では男女の結合が生じるのに対して、日本においては「無」が生じるのであり、その際における「あわれ」という美的感情が大切であると著者は指摘する。つまり結合が生じないことを肯定的に捉え直そうとするのである。

女性像に焦点を当てた日本の昔話の分析は、あたかも昔話の語り直しのように、一つ一つの昔話を取り上げた後続の章に続いていく。西洋の「父—子—聖霊」という「三位一体」に対比させた日本における「祖父—母—子」という三者構造の分析も興味深いが、「炭焼五郎」を題材にした最終章で、女性の主人公が離婚をし、新しい夫として炭焼五郎を選ぶというように「意志する女性」として立ち上がる。そうするとこの本は、対象としての消え去る女性が主体としての意志する女性へと変容するプロセスや、無から立ち上がる主体を描いているとも読めるのである。

日本の昔話の分析は、後のエラノス講演（『日本人の心を解く』）における受動性から自然（じねん）として立ち上がる主体や、「完成美」に対比させた、欠けているもののある「完全美」の考え方に深まっていくのである。

4　『源氏物語と日本人――紫マンダラ』（『紫マンダラ――源氏物語の構図』小学館、二〇〇〇／岩波現代文庫、二〇一六）

『源氏物語』は、ユング心理学的には、女性の作家である紫式部が、自分の理想の男性像を描いたものとして捉えたくなるかもしれない。しかし著者は、光源氏が一人の人物としての存在感を感じさせず、中心人物とは考えられないことを指摘する。そしてこの作品の眼目は、一人の男性との関係で、母、娘、妻、娼婦などの様々なタイプの内界の女性たちを生き生きとした姿で描いたところで、それがマンダラのようになっていると結論づけるのである。

マンダラの中心にいる光源氏には存在感がなく、いわば空っぽである。これは中空のマンダラと言ってよく、著者が提唱した、日本神話における中空構造論を思い起こさせる。

著者は源氏物語が、光源氏を空洞の中心とした様々な女性像を描いているだけではないこと、紫式部にはさらにそれを越えていく個の意識が生まれてきたことを指摘している。それは源氏死後の物語である「宇治十帖」で展開されていく。そこでの浮舟は二人の男性の間で全く受動的に生きていて、どちらに決めようなどという努力がなく、そのため死に追い込まれそうになる。しかし奇跡的に助かってからは、出家の意志を固くし、男性を拒んで生きる。ユング心理学においては、異性像が重視されるように、男女の結合が人格の統合のイメージとして理解されることが多い。しかし男性を拒んで生きていこうとする浮舟に、河合隼雄は、「自分のなかから生じてくるものを基盤にもって個として生きる」姿を見るのである。

この受動性から立ち上がる姿は、『昔話と日本人の心』における最終章の「意志する女性」にも通じるし、『日本人の心を解く』での、「わらしべ長者」の話における全く受動的であった主人公が突然に主体的になることを取り上げているのにも通じる。

5　『神話と日本人の心』(岩波書店、二〇〇三/岩波現代文庫、二〇一六)

河合隼雄は英語でのユング派資格論文で日本神話を取り上げていたが、それを日本語で本格的な一冊にまとめて出版したのは実にそのほぼ四〇年後、病に倒れる三年前の二

○○三年のことで、既に七五歳になっていた。その間にいくつかの新たな展開もあり、その意味でこれはライフワークと呼べるものである。

資格論文では、たとえば西洋で太陽が男性、月が女性となっているのに対して、日本神話では太陽が女性となっていて、それが独特のバランスを生んでいることなどを巡って展開していたが、本書では日本神話における「中空構造」が注目される。たとえばアマテラスとスサノオが活躍するのに対して、それらと三神をなすツクヨミはほとんどふれられていない。同じようなことは、他の三組の神にも見出されて、そのことから河合隼雄は、日本神話における中空構造、ひいては日本人の心における中空構造を結論づける。これは日本の昔話における結合のなさによる無の体験や、『源氏物語』における光源氏の空っぽさにも通じることと考えられる。

このように中心を空っぽにすることによるバランスで日本の社会や心が成り立っているとすると、それに当てはまらないのが、イザナキ、イザナミから最初に生まれて追放されたヒルコである。アマテラスがオオヒルメとも呼ばれることから、ヒルコは男性の太陽神と考えられるが、そのような男性的なものが日本の神話や心において受け入れられないところがあるので、それをどのようにしていくかは今後の課題であることを河合隼雄は結論づけるのである。

そもそも河合隼雄は仏教に関心がなく、むしろ嫌っていたが、西洋とは異なるこころのモデルと構造を模索するうちに手がかりとなっていったのが仏教であり、仏教の哲学である。特に明恵への傾倒を通じて出会った華厳は、晩年の河合隼雄にとって重要になっていく。

6　『明恵　夢を生きる』（京都松柏社、一九八七／講談社＋α文庫、一九九五）

河合隼雄が仏教と関わるようになっていったきっかけとなったのが鎌倉初期の僧である明恵との出会いで、そもそもは明恵が多くの夢の記録を残していたものの研究を湯川秀樹と梅原猛に勧められたためである。

本書は多くの明恵のテキストを引用して、精緻に書かれていて、内容的にも非常に豊かなものであるが、次の三つの点に絞って紹介したい。一つは明恵と身体との関係で、ものごころついた頃から、狼に食べられて死のうとしたり、耳をそぎ落としたり、身体を拒否していた明恵が、晩年において、身体と繋がる、あるいは宇宙と一体になるような夢を体験しているところである。

次に、日本人の夢における女性像の弱さが指摘されているのに、日本の僧に珍しく戒を守って生きた明恵が、女性像に取り組んでいたのが夢に示されていることで、それは「華厳縁起絵巻」にも表現されており、それの著者による分析は見事である。最後に、明恵は華厳宗の人であったが、たびたびテレパシーのような現象が生じたり、自然との強い繫がりを示したりしていた明恵の生き方は、全てのものが繫がっているという華厳経の内容をまさに体現した生き方であったと言えよう。

自らも繰り返し述べているように、河合隼雄にとって明恵は師のような人であった。「あるがまま」というと日本的な甘えに陥りがちなのに、明恵が「あるべきやうわ」としたことにも共感していた。

7　『ユング心理学と仏教』（岩波書店、一九九五／岩波現代文庫、二〇一〇）

西洋から入ってきたユング心理学をどのように日本で受け入れ、またそれを発展させたかを描いたもので、そのなかで仏教から学んだことをクローズアップしている。ここでは本書を仏教のキーワードの項に入れているが、河合隼雄が心理療法について書いたものの中で最もすぐれていて完成していると思われる。

最初は、著者自身の体験を踏まえて、ユング心理学をいかに理解し、日本に導入したかが述べられている。そこからさらに、主に井筒俊彦による仏教理解に基づきつつ、日本でユング派の実践を行い、またそれを理解していくのに仏教を拠り所として論が進められていく。ユングの男女を軸とした錬金術と対比して、老若を軸とする禅の十牛図がモデルとして使われている。

西洋の自我が固定した、他者から区別されたものであるのに対して、『今昔物語』において、他人が自分について見た夢から、自分が観音であると確信する武士の物語が示すように、日本での私は、自他が浸透し合った、流動的なものである。それを著者は「華厳」の考え方で説明する。つまり「私の本質」や「私の固有性」などは存在しないのである。普通の現実の世界では区別があるように思われるけれども、存在の根底においては区別がなく溶け合っている。そしてユングが、自我から無意識の層を観察して把握していったのに対して、仏教では逆に区別がない空の意識から記述を行っているという。

華厳における「有力」と「無力」の考え方を用いつつ、西洋における自分の力で自分を作り上げていく自己実現とは異なる、自分の独自性を驚きながら発見する日本における自己実現と個性のあり方を指摘している。さらに心理療法の事例を示しつつ、存在の根底に「悲しみ」を見る存在理解は非常に示唆的である。「エピローグ」も圧巻で、女性が川を渡るのを助けてあげた僧の会話のエピソードによりつつ、非個人的な関係、死について示唆し、最後に「一〇〇〇の風」の詩を引用しているのは、著者の遺言のようにさえ思えるのである。

子ども

河合隼雄の思想にとって「子ども」というのは重要なキーワードであり、だからこそ岩波現代文庫に〈子どもとファンタジー〉コレクション全六冊も存在している。これは日本の物語の分析において「女性の視点」というのが大きな役割を演じていたように、子どもは単なる分析の対象ではなくて、「子どもの視点」というのが河合隼雄にとって重要であったことがわかるのである。

8 **『子どもの宇宙』**（岩波新書、一九八七）

「ひとりひとりの子どものなかに宇宙がある」、「それは無限の広がりと深さをもって存在している」という魅力的なことばで本書ははじまる。そして「子どもと家族」、「子どもと秘密」、「子どもと動物」、「子どもと時空」、「子どもと老人」、「子どもと死」、「子どもと異性」という七章において、様々な児童文学やその他の物語を用い、解釈しつつ、また実際の心理療法の事例も紹介して、子どもの世界を描き出している。

たとえば「子どもと秘密」の章では、秘密を持つということは悪いことのように思われるかもしれないけれども、主にバーネットの『秘密の花園』を用いつつ、秘密を持つということは私のアイデンティティに関わっていること、それがよく十歳くらいのときに生じることが明らかにされていく。プレイセラピーの実例も印象的で、省略された形でもクライエントが成長し、変化していく様子がよくわかり、また秘密というのが必ずしも具体的なものに限らないこと、セラピーの中で宝探しがなされるけれども、セラピールームで体験したこと全てがクライエントにとって宝だったという解説には納得させられる。

児童文学を解説することから子どもの世界を深め、明らかにするというスタイルをもっと徹底させているという点では、後の『子どもの本を読む』、『ファンタジーを読む』も密度の高い作品である。また『子どもと悪』も子どもに関して非常に現代的で本質的な本であると思われる。

人

9　『河合隼雄自伝』(『未来への記憶』岩波新書、二〇〇一／新潮文庫、二〇一五)

河合隼雄の思想を語るうえにおいて、河合隼雄がどのような人で、どのような人生をおくってきたかというのは大いに参考になると思われる。まず、親や男六人の兄弟たちとの交流が印象的で、軍国主義の時代に育った中で、いかに隼雄の持つ独特な感覚が、親や兄弟たちによって守られていたかがわかる。この部分に関しては、十歳までを描いた自伝的小説『泣き虫ハァちゃん』も非常に参考になり、むしろ小説として本質をより一層明らかにしてくれている。

ユングは自己実現や個性化の過程ということを強調するが、河合隼雄の人生はまさにそのようなものだったことがわかる。軍国主義や国粋主義の非合理さを嫌悪して科学を志向し、非常に合理的な数学を専攻したのに、非合理的な人間のこころに関わるようになっていくプロセスも興味深い。一生高校教師であることを志したのに、心理学者となり、最後には文化庁長官にまでなってしまう。その際の、受動性と主体性の関わり合いが印象的である。心理学を学びはじめたのも、分析を受けはじめたのも、河合隼雄は他人に言われ、連れて行かれるままに行っていて、全く受動的に運命に自分を委ねている。ところが、中学四年生のときに陸軍士官学校への推薦を断ったり、ユング派分析家の資格試験のときに試験官に反論したりなど、主体が立ち上がる瞬間が訪れているのである。

ことば

10 『こころの処方箋』(新潮文庫、一九九八)

河合隼雄は物語の人であって、体系的に思想を展開したり、概念化したりするよりは、物語を分析し、物語的に書く方が得意であった。しかし小さなころから、物事の本質をつく発言をして、兄雅雄に「見抜き人」と呼ばれていたようなことばの鋭い側面がある。それが幸運な形で実現したのが、本書である。もちろん心理療法を行ううえで、人の心の逆説に出会ってきたこともあるかもしれず、だからこそ「処方箋」という書題なのであろうけれども、これは河合隼雄に元々具わっていたものであると思う。

連載に基づいているので、五五の題、あるいは処方箋に渡っており、その中には既によく人口に膾炙しているものも含まれているが、どれも本質的で深いものである。たとえば、一つ目の「人の心などわかるはずがない」、「ふたつよいことさてないものよ」、「心のなかの勝負は51対49のことが多い」など、題を聞いただけでもハッと思わされる。常識的ないいことばやアドヴァイスというよりも、常識を覆すような題であり、内容であるところが特徴的である。「一番生じやすいのは、一八〇度の変化である」、「うそからまことが出てくる」などがそうであろう。

また筆者独特のユーモアと皮肉に満ちている。「説教の効果はその長さと反比例する」とか、「マジメも休み休み言え」などは、それを聞くだけでクスッとさせてくれる。

対話

心理療法家であったこともあるのか、河合隼雄は対談上手であった。それは相手のおもしろいところをうまく引き出すと同時に、対談のなかで、思わぬことを自らが語っていたりもする。ここでそれぞれの本を解説することはないが、初期にユング心理学のことを解説した谷川俊太郎氏との『魂にメスはいらない』、村上春樹氏との『村上春樹、河合隼雄に会いに行く』、仏教との関連では中沢新一氏との『ブッダの夢』、『仏教が好き』、そして物語ということに関しては小川洋子氏との最晩年における対談『生きるとは、自分の物語をつくること』などは、河合隼雄の人と思想を知るために重要であると思われる。

本書は二〇〇九年一〇月、岩波書店より刊行された。現代文庫化に際し、「用語解説」と「著作目録」を割愛し、大澤真幸による講演録「河合隼雄の『昔話と日本人の心』を読む」(『ユング心理学研究第4巻 昔話と日本社会』二〇一二年三月)を収録し、河合俊雄による「読書案内——河合隼雄の思想を知る一〇冊」を新たに付した。

思想家 河合隼雄

2018年5月16日　第1刷発行

編　者　中沢新一《なかざわしんいち》　河合俊雄《かわいとしお》

発行者　岡本　厚

発行所　株式会社 岩波書店
〒101-8002 東京都千代田区一ツ橋 2-5-5

案内 03-5210-4000　営業部 03-5210-4111
現代文庫編集部 03-5210-4136
http://www.iwanami.co.jp/

印刷・精興社　製本・中永製本

ISBN 978-4-00-600382-1　Printed in Japan

岩波現代文庫の発足に際して

新しい世紀が目前に迫っている。しかし二〇世紀は、戦争、貧困、差別と抑圧、民族間の憎悪等に対して本質的な解決策を見いだすことができなかったばかりか、文明の名による自然破壊は人類の存続を脅かすまでに拡大した。一方、第二次大戦後より半世紀余の間、ひたすら追い求めてきた物質的豊かさが必ずしも真の幸福に直結せず、むしろ社会のありかたを歪め、人間精神の荒廃をもたらすという逆説を、われわれは人類史上はじめて痛切に体験した。

それゆえ先人たちが第二次世界大戦後の諸問題といかに取り組み、思考し、解決を模索したかの軌跡を読みとくことは、今日の緊急の課題であるにとどまらず、将来にわたって必須の知的営為となるはずである。幸いわれわれの前には、この時代の様ざまな葛藤から生まれた、人文、社会、自然諸科学をはじめ、文学作品、ヒューマン・ドキュメントにいたる広範な分野のすぐれた成果の蓄積が存在する。

岩波現代文庫は、これらの学問的、文芸的な達成を、日本人の思索に切実な影響を与えた諸外国の著作とともに、厳選して収録し、次代に手渡していこうという目的をもって発刊される。いまや、次々に生起する大小の悲喜劇に対してわれわれは傍観者であることは許されない。一人ひとりが生活と思想を再構築すべき時である。

岩波現代文庫は、戦後日本人の知的自叙伝ともいうべき書物群であり、現状に甘んずることなく困難な事態に正対して、持続的に思考し、未来を拓こうとする同時代人の糧となるであろう。

（二〇〇〇年一月）

岩波現代文庫［学術］

G361
日本国憲法の誕生 増補改訂版
古関彰一

第九条制定の背景、戦後平和主義の原点を見つめながら、現憲法制定過程で何が起きたかを解明。新資料に基づく知見を加えた必読書。

G363
語る藤田省三
―現代の古典をよむということ―
竹内光浩
本堂明
武藤武美 編

ラディカルな批評精神をもって時代に対峙し続けた「談論風発」の人・藤田省三。その鮮烈な「語り」の魅力を再現する。岩波現代文庫オリジナル版。〈解説〉宮村治雄

G364
レヴィナス
―移ろいゆくものへの視線―
熊野純彦

レヴィナスが問題とした「時間」「所有」「他者」とは何か？ 難解といわれる二つの主著のテクストを丹念に読み解いた名著。〈解説〉佐々木雄大

G365
靖国神社
―「殉国」と「平和」をめぐる戦後史―
赤澤史朗

戦没者の「慰霊」追悼の変遷を通して、国家観・戦争観・宗教観こそが靖国神社をめぐる最大の争点であることを明快に解き明かす。〈解説〉西村明

G366
貧困と飢饉
アマルティア・セン
黒崎卓
山崎幸治 訳

世界各地の「大飢饉」の原因は、食料供給量の不足ではなく人々が食料を入手する権原(能力と資格)の剥奪にあることを実証した画期的な書。

2018.5

岩波現代文庫［学術］

G367 アイヒマン調書
——ホロコーストを可能にした男——

ヨッヘン・フォン・ラング編
小俣和一郎訳
〈解説〉芝 健介

ナチスによるユダヤ人殺戮のキーマン、アイヒマン。八カ月、二七五時間にわたる尋問調書から浮かび上がるその人間像とは？

G368 新版 はじまりのレーニン

中沢新一

西欧形而上学の底を突き破るレーニンの唯物論はどのように形成されたのか。ロシア革命一〇〇年の今、誰も書かなかったレーニン論が蘇る。

G369 歴史のなかの新選組

宮地正人

信頼に足る史料を駆使して新選組のリアルな実像に迫り、幕末維新史のダイナミックな構造の中でとらえ直す、画期的"新選組史論"。「浪士組・新徴組隊士一覧表」を収録。

G370 新版 漱石論集成

柄谷行人

思想家柄谷行人にとって常に思考の原点であった漱石に関する評論・講演録等を精選し、集成。同時代の哲学・文学との比較など多面的な切り口からせまる漱石論の決定版。

G371 ファインマンの特別講義
——惑星運動を語る——

D・L・グッドスティーン
J・R・グッドスティーン
砂川重信訳

知られざるファインマンの名講義を再現。三角形の合同・相似だけで惑星の運動を説明。再現にいたる経緯やエピソードも印象深い。

2018.5

G372
ラテンアメリカ五〇〇年
―歴史のトルソー―
清水透

ヨーロッパによる「発見」から現代まで、約五〇〇年にわたるラテンアメリカの歴史を、独自の視点から鮮やかに描き出す講義録。

G373
〈仏典をよむ〉1 ブッダの生涯
中村元
前田專學監修

誕生から悪魔との闘い、最後の説法まで、ブッダの生涯に即して語り伝えられている原始仏典を、仏教学の泰斗がわかりやすくよみ解く。〈解説〉前田專學

G374
〈仏典をよむ〉2 真理のことば
中村元
前田專學監修

原始仏典で最も有名な「法句経」、仏弟子たちの「告白」、在家信者の心得など、人の生きる指針を説いた数々の経典をわかりやすく解説。〈解説〉前田專學

G375
〈仏典をよむ〉3 大乗の教え(上)
―般若心経・法華経ほか―
中村元
前田專學監修

『般若心経』『金剛般若経』『維摩経』『法華経』『観音経』など、日本仏教の骨格を形成した初期の重要な大乗仏典をわかりやすく解説。〈解説〉前田專學

G377
済州島四・三事件
―「島〈タムナ〉のくに」の死と再生の物語―
文京洙

一九四八年、米軍政下の朝鮮半島南端・済州島で多くの島民が犠牲となった凄惨な事件。長年封印されてきたその実相に迫り、歴史と真実の恢復への道程を描く。

2018.5

G378
平面論
―一八八〇年代西欧―
松浦寿輝

イメージの近代は一八八〇年代に始まる。さまざまな芸術を横断しつつ、二〇世紀の思考の風景を決定した表象空間をめぐる、チャレンジングな論考。〈解説〉島田雅彦

G379
新版 哲学の密かな闘い
永井均

人生において考えることは闘うこと――哲学者・永井均の、「常識」を突き崩し、真に考える力を養う思考過程がたどれる論文集。

G380
ラディカル・オーラル・ヒストリー
―オーストラリア先住民アボリジニの歴史実践―
保苅実

他者の〈歴史実践〉との共奏可能性を信じ抜く――それは、差異と断絶を前に立ち竦む世界に、歴史学がもたらすひとつの希望。〈解説〉本橋哲也

G381
臨床家 河合隼雄
谷川俊太郎
河合俊雄 編

多方面で活躍した河合隼雄の臨床家としての姿を、事例発表の記録、教育分析の体験談、インタビューなどを通して多角的に捉える。

G382
思想家 河合隼雄
中沢新一
河合俊雄 編

心理学の枠をこえ、神話・昔話研究から日本文化論まで広がりを見せた河合隼雄の著作。多彩な分野の識者たちがその思想を分析する。

2018.5